「子どもと健康」編集委員会編

ゼロから知る「LGBT」

[連載 第4回]

■「養護教諭の仕事」って？

■今こそ見つめなおしたい養護教諭の原点
—— 養護教諭が歩むひとすじの道

東日本大震災被災地報告■原発事故から8年目を迎えて
子どもたちの健康被害は？ 甲状腺がんは？

子どもと健康
No.107
2018年7月

労働教育センター

JN193547

特集 ゼロから知る「LGBT」

ゼロから知る「LGBT」

LGBTs支援の最前線に立つ教員に求められる役割

...

日高 庸晴（ひだか やすはる）

宝塚大学看護学部 教授

国の取り組みの変遷

LGBTをはじめとするセクシュアルマイノリティ（以下、LGBTs）の存在についてマスコミ報道も以前より格段に増加しており、国や自治体による取り組みも少しずつされるようになってきた。2002年の法務省による「人権教育・啓発に関する基本計画」に性的指向が盛り込まれたことを皮切りに、2012年の内閣府による「自殺総合対策大綱〜誰も自殺に追い込まれることのない社会の実現を目指して〜」に自殺高リスク層としてLGBTsが盛り込まれる等、細々とではあるがLGBTsの存在に配慮する通知やガイドラインが関係省庁から出されるようになった。

これまでの政府文書のなかで特筆すべきは、2015年4月30日に文部科学省初等中等教育局児童生徒課から出された「性同一性障害に係る児童生徒に対するきめ細かな対応の実施等について」である。この通知は全国の教育現場に決定的な影響を与え、これを根拠に全国の自治体や教育委員会は教職員を対象にした性的指向と性自認について学ぶ研修を企画・開催するようになった。さらに2016年4月には文部科学大臣の会見において「性同一性障害や性的指向・性自認に係る、児童生徒に対するきめ細かな対応等の実施について（教員向け）」と題されたリーフレットが発表された。前年に発出された通知への質問に応えるように出されたこのリーフレットに加えて、2017年3月に改正された、いじめ防止対策推進法「いじめの防止等のための基本的な方針」においてもLGBTsへの言及があり、文部科学

表1　「性的指向と性自認」に関連する国の主な動き

年	省庁	内容
2002年	法務省	人権教育・啓発に関する基本計画
2003年	法務省	性同一性障害者の性別の取扱いの特例に関する法律
2008年	文科省	人権教育の指導方法等の在り方について
2009年	法務省	啓発活動年間強調事項
2010年	文科省	児童生徒が抱える問題に対しての教育相談の徹底について
2010年	内閣府	子ども・若者育成支援推進本部
2012年	内閣府	自殺総合対策大綱改正
2013年	文科省	学校における性同一性障害に係る対応に関する状況調査
2015年	文科省	性同一性障害に係る児童生徒に対するきめ細かな対応の実施等について
2015年	内閣府	第4次男女共同参画基本計画
2016年	文科省	性同一性障害や性的指向・性自認に係る、児童生徒に対するきめ細かな対応等の実施について（教員向け）
2017年	文科省	いじめ防止対策推進法「いじめの防止等のための基本的な方針」改正
2017年	厚労省	児童養護施設等におけるいわゆる「性的マイノリティ」の子どもに対するきめ細やかな対応の実施等について

省が3年続けて性的指向と性自認について言及している。さらに2017年8月に厚生労働省は文部科学省の通知に倣い、「児童養護施設等におけるいわゆる「性的マイノリティ」の子どもに対するきめ細やかな対応の実施等について」を発出、全国に周知している（**表1**）。

性的指向と性自認

異性愛や同性愛にかかる「性的指向」と性別違和にかかる「性自認」について混同されている場合が多くあるため、用語について確認をしたい。

LGBTとはLesbian（女性同性愛のレズビアン）、Gay（男性同性愛のゲイ）、Bisexual（両性愛の男女）、Transgender（生まれ持った身体に違和感を持ち、身体の性別とは異なる性別で生きることを望むトランスジェンダー）の略であり、LGBは性的指向に、Tは性自認に関するマイノリティである。国内大手広告代理店の博報堂が全国の20〜59歳の10万人を対象に（有効回答者数8万9,366人）スクリーニングした結果、レズビアン1.7%、ゲイ1.94%、バイセクシュアル1.74%、トランスジェンダー0.47%という推定が発表され、レズビアン・ゲイ・バイセクシュアルの合計は5.38%、トランスエジェンダーはその1/11程度であることが示された。

また、性的指向や性自認がはっきりしていない場合や、どちらかに決めたくないと感じるなど特定の状況にあてはまらない人や状況をクエスチョニング（Questioning）と呼び、これらの頭文字をあわせてLGBTQと呼ぶ場合もある。近年ではみずからの性別が男性でも女性でもない、男性とも女性とも感じる、性別が定まらない、性別がなく無性だと思う等々、Xジェンダーと自らの性別を認識する人が一定数存在することも報告されるようになってきた。特に学齢期から思春期青年期には性的指向や性自認がはっきりしないことや揺れ動き迷うこともあり、クエスチョニングやXジェンダーは他の年齢層より多いと推測される。

筆者と三重県男女共同参画センターによる三重県県立高校（全日制）2年生を対象にした無記名自記式質問紙調査（56校中49校の研究参加、質問紙配布数1万1,144件、有効回収数1万0,063件、有効回収率90.3%）では、実に10%がLGBTsをはじめとするセクシュアルマイノリティであると推定され（LGBTが2.8%、性自認を男性とも女性とも決めていない・わからない・選択肢の中にあてはまるものが

表2　多様な性と生活についてのアンケート調査　三重県立高校（全日制）56校中49校参加、2017年実施
対象は高校2年生 配布数11,144名、回収数10,560名、有効回収数10,063名、有効回収率90.3%

	セクシュアリティの分類		回答内容
非当事者 88.5% (8,910人)	ヘテロセクシュアル女性	43.8% (4,412人)	・「体の性」と「心の性」に『女性』と回答し、「好きになる人の性」に『男性』と回答した人
	ヘテロセクシュアル男性	44.7% (4,498人)	・「体の性」と「心の性」に『男性』と回答し、「好きになる人の性」に『女性』と回答した人
LGBT当事者 10.0% (1,003人)	LGBT	2.8% (281人)	・「体の性」と「心の性」に『女性（男性）』と回答し、「好きになる人の性」に『女性（男性）』と回答した人 ・「好きになる人の性」に『男性、女性両方』と回答した人 ・「体の性」に『女性（男性）』と回答し、「心の性」に『男性（女性）』と回答した人
	Xジェンダー	5.0% (508人)	・「心の性」に『男性とも女性とも決めていない・わからない・この選択肢の中にあてはまるものがない』と回答した人
	クエスチョニング	2.1% (214人)	・「体の性」と「心の性」に『女性（男性）』と回答し、「好きになる人の性」に『わからない』と回答した人
その他	その他	1.5% (150人)	・「体の性」と「心の性」に『女性（男性）』と回答し、「好きになる人の性」に『好きになる性がない・この選択肢の中にあてはまるものがない』と回答した人

Yasuharu Hidaka, PhD and The Mie Prefectural Gender Equality Center "Frente Mie"

ないと回答したＸジェンダーが5.0％、好きになる人の性別がわからないと回答したクエスチョニングが2.1％）、対象である高校生のなかに当事者が存在していることに加えて、まさに性的指向や性自認の定まらないでいること、揺れ動いていることなどその流動性が若年層にあることが示唆されている（**表2**）。

　これらのことからLGBTsと表現されるようにもなってきているが、当該児童生徒は教室に１〜２人は存在しているという認識のもとに先ずは教員自身の理解が求められる。これらの基礎的な知識の習得にあたって役立つ資材に、法務省の企画として制作された理解啓発のための教育映像（インターネットのYouTubeにある「法務省チャンネル」http://y2u.be/G9DhghaAxloで視聴可能）が参考になる。

　性的指向や性自認のありようが他者と異なるLGBTsであるが、彼らが学齢期から思春期を経て青年期までの過程に、過酷ともいえる課題の数々に直面することが幾多もの国内外の研究で示されている。保健医療領域におけ

るこれらの調査研究が示す結果はネガティブデータの連続であるが、実態把握とその改善のために調査結果を報告する。

いじめ被害・不登校・自傷行為経験率

　筆者が2016年に全国のLGBTsを対象に実施したインターネット調査[1]（有効回答数国内在住の１万5,064人）では、いじめ被害経験率は全体で58.2％（10代49.4％、20代55.8％、30代60.9％、40代63.1％、50歳以上49.8％）であり（**図1**）、いじめ被害経験がある者の63.8％はホモ・おかま・おとこおんな等の言葉によるいじめ被害があり、18.3％は服を脱がされるいじめに遭っていた（**図2**）。いじめ被害経験者のうち、いじめの解決のために先生が役に立ってくれたと認識している者は全体でわずか13.6％足らずであり、教員にとっては厳しい現状が突きつけられていると言わざるを得ない。いじめの発生防止と解決に向けた積極的な取り組みがされるようになってきた昨今の状況を反映してか、10代のいじめ被害

図1　学校生活（小・中・高）におけるいじめ被害経験
MTF、ゲイ男性、Ｘジェンダー（MTX）に高率。男らしさ規範等が影響しているのでは

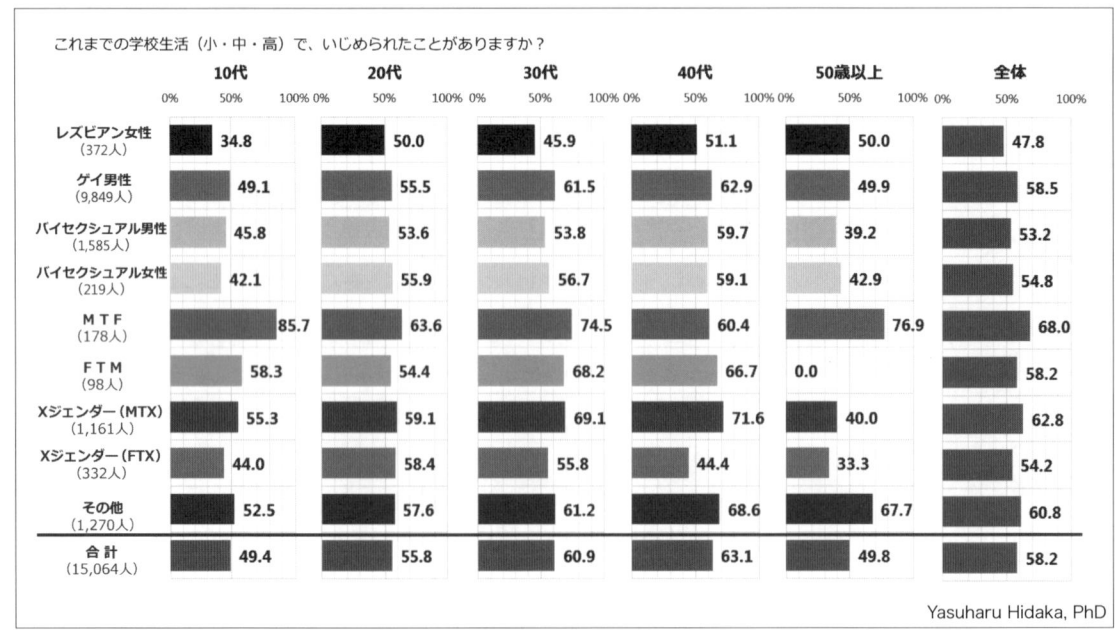

これまでの学校生活（小・中・高）で、いじめられたことがありますか？

	10代	20代	30代	40代	50歳以上	全体
レズビアン女性（372人）	34.8	50.0	45.9	51.1	50.0	47.8
ゲイ男性（9,849人）	49.1	55.5	61.5	62.9	49.9	58.5
バイセクシュアル男性（1,585人）	45.8	53.6	53.8	59.7	39.2	53.2
バイセクシュアル女性（219人）	42.1	55.9	56.7	59.1	42.9	54.8
ＭＴＦ（178人）	85.7	63.6	74.5	60.4	76.9	68.0
ＦＴＭ（98人）	58.3	54.4	68.2	66.7	0.0	58.2
Ｘジェンダー（MTX）（1,161人）	55.3	59.1	69.1	71.6	40.0	62.8
Ｘジェンダー（FTX）（332人）	44.0	58.4	55.8	44.4	33.3	54.2
その他（1,270人）	52.5	57.6	61.2	68.6	67.7	60.8
合計（15,064人）	49.4	55.8	60.9	63.1	49.8	58.2

Yasuharu Hidaka, PhD

図2　いじめ被害の内訳
ゲイ男性、バイセクシュアル男性、MTF、FTM、Xジェンダー（MTX）に被害が高率
セクシュアリティに関連する言葉によるいじめ（verbal abuse）や性的ないじめ被害が高率

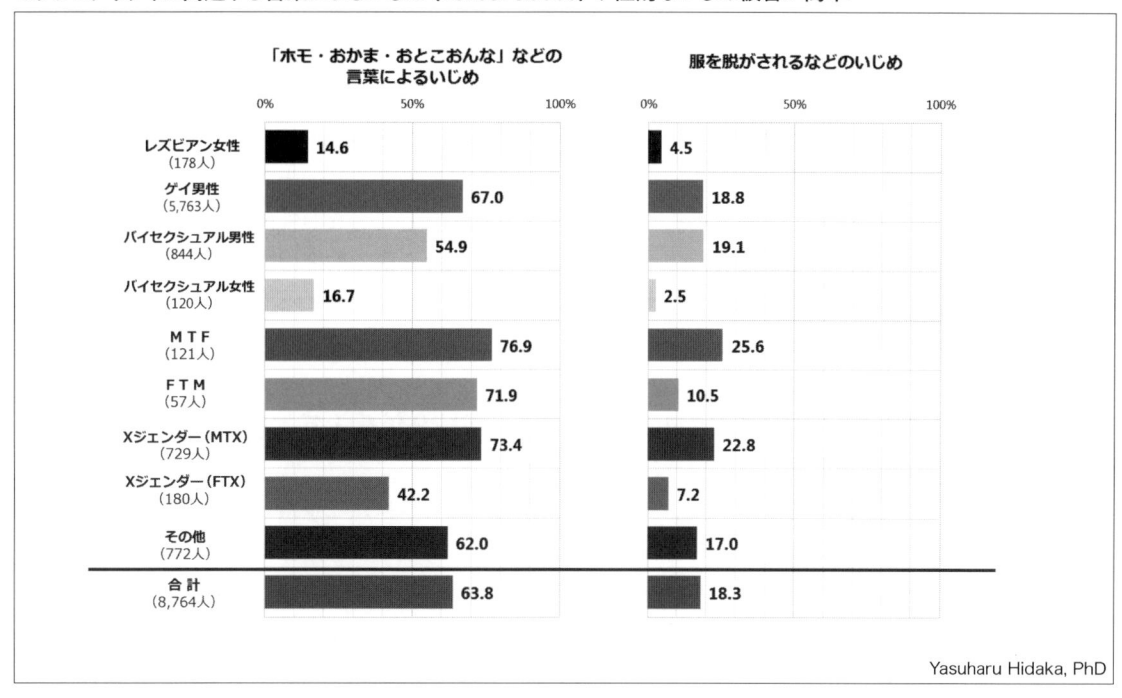

Yasuharu Hidaka, PhD

図3　先生はいじめの解決に役に立ってくれたか
解決に役立ってくれた先生は全体で13％と低率。一方で、若年層ほど先生が助けになったと認識

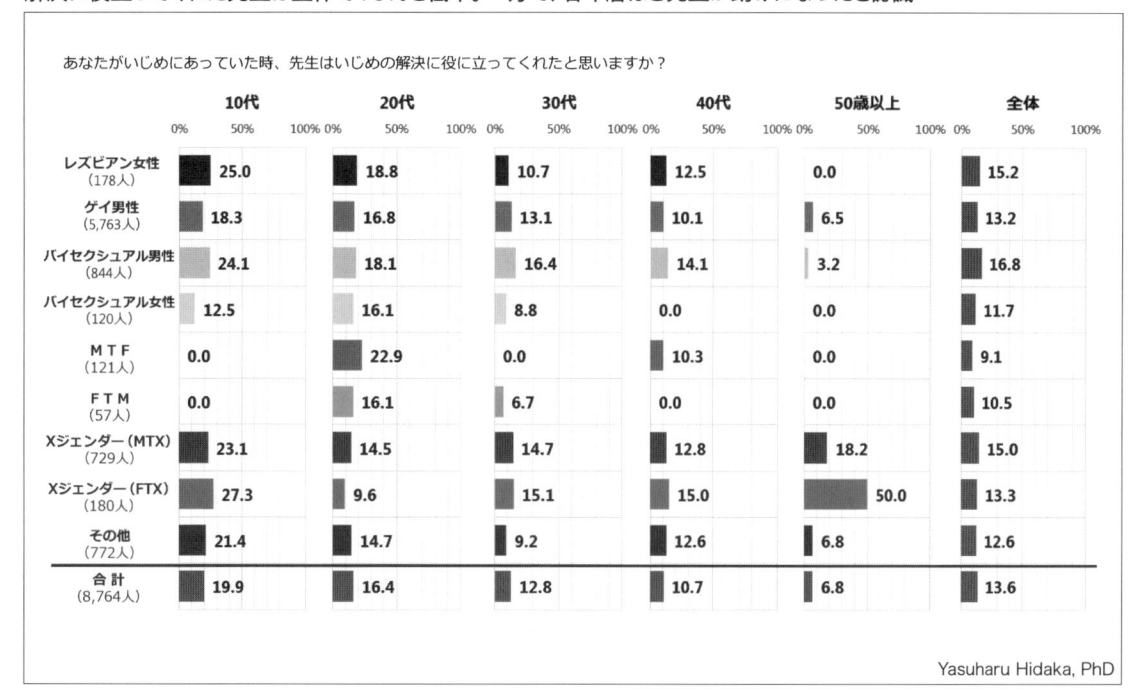

Yasuharu Hidaka, PhD

経験者の約5人に1人がやっと、いじめ解決にあたって教員の寄与があったと捉えているのみである（**図3**）。

不登校経験率は全体で21.1%（10代31.9%、20代23.5%、30代20.9%、40代17.4%、50歳以上12.0%）であった（**図4**）。教員や保護者にとっても何ら理由に心当たりがない不登校が数多くあるが、もしかしたら性的指向や性自認にかかる何らかのことが影響して不登校が発生しているかもしれないという想像力をもつこと、明確にいじめであると断定できる場合に限らず、いじりやからかいといったことも大いにあり得ることに留意が必要である。

刃物で自分の体を傷つけるという自傷行為の経験率は全体で10.5%（10代22.9%、20代14.2%、30代9.1%、40代5.6%、50歳以上3.3%）であり、10代に限定すると極めて高率であることがわかっている（**図5**）。首都圏男子中高生の自傷行為経験率は7.5%[2]であると報告されており、これと比較すると10代のゲイ・バイセクシュアル男性の自傷行為経験率は2倍以上であること、レズビアンやトランスジェンダーでは4倍以上であることが示されているが、これだけのリスクの高さを学校現場は把握しているのであろうか。学校で最もあってはならないことのひとつに児童生徒が自ら命を絶つことがあるが、次項では自殺未遂経験率とそのリスクの高さを示すデータを紹介する。

自殺未遂経験率

1999年に1,025人の国内在住ゲイ・バイセクシュアル男性が対象となったわが国初のインターネット調査では、回答者全体の64%に自殺念慮経験があり15%に自殺未遂経験があった[3]。2005年に5,731人の同集団を対象に実施した調査でも同様の傾向であった[4]。

筆者らが大阪市内の路上で実施した街頭調査では若者男女2,095人から回答が得られ、性的指向が自殺未遂リスクとしてどの程度関与しているのか、異性愛者男性とゲイ・バイセクシュアル男性の自殺未遂リスクを比較検討した。その結果、自殺未遂の生涯経験率は9%（男性6%、女性11%）であり、自殺未遂に関連する要因を男女別に解析したところ、男性において性的指向以外の他の要因の影響を調整してもなお性的指向が自殺未遂リスクを高める決定的要因であり、異性愛男性と比較してゲイ・バイセクシュアル男性の自殺未遂リスクは5.98倍[5]であることがわかっている。

高校2年生1万人調査

2017年秋に三重県立高校（全日制）の2年生を対象にした調査ではいじめ被害の内容を詳細に明らかにするとともに、LGBTs当事者とそれ以外における経験率の比較を行なった。「持ち物を隠されたり壊されたりしたこと」「女（男）らしくない、おかま、ホモ、レズなどと言われたこと」「無視や仲間はずしをされたこと」「無理矢理おごらされたこと」「なぐる、蹴る、大声で怒鳴る、脅すなどの行為をされたこと」「無理矢理服を脱がされるなど、わざと恥ずかしい思いをさせられたこと」「インターネットやSNSでいやがらせを受けたこと」「その他の嫌がらせを受けたこと」の8項目いずれにおいてもLGBTsの被害率が有意に高く、これらのいじめ被害に関して「いずれか1つにあてはまる」割合はLGBTsで61.4%、非当事者で38.3%と明らかに経験率に差があること示されている（**図6**）。加えて、自己否定に関する経験では、「むしゃくしゃして物を叩いたり、壊したりすること」「わざと自分の身体を傷つけたこと」「無理矢理食べ物を吐いたこと」「すべてがいやになるほど悩んだこと」という4項目すべてにおいてLGBTs当事者の経験率が高かった（**図7**）。また、「いざというときに力になってくれる友人や先生がいる」と思うことができるLGBTs当事

図4　不登校経験

トランスジェンダーが最も高率、いずれにおいても若年層ほど高率の傾向に

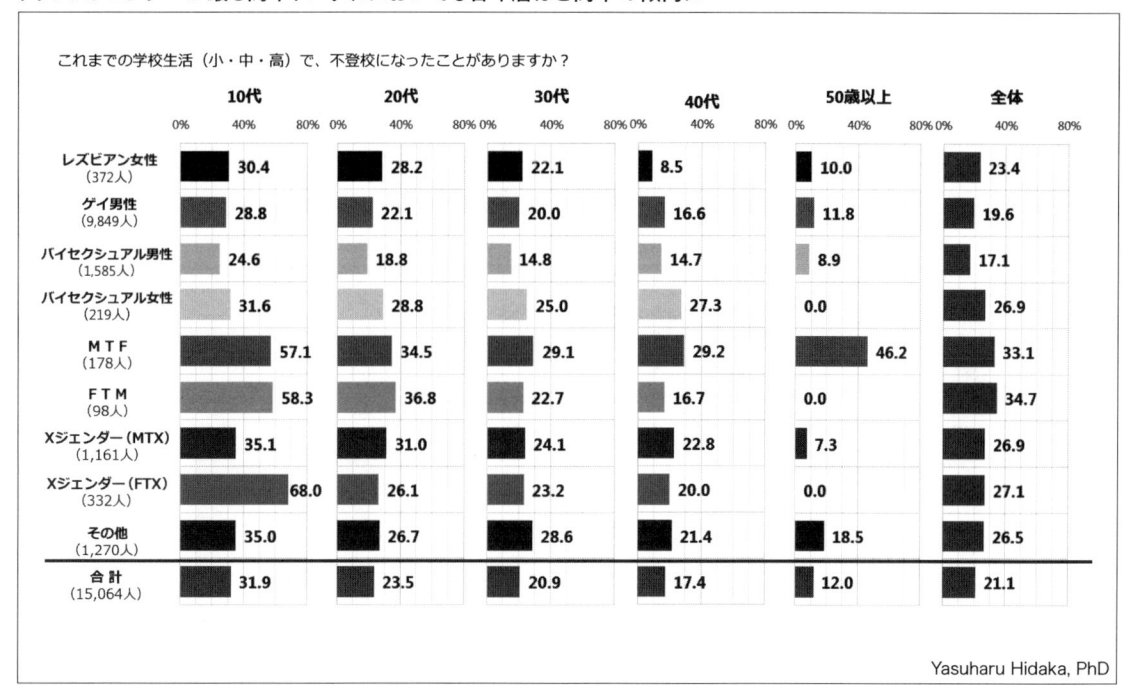

これまでの学校生活（小・中・高）で、不登校になったことがありますか？

	10代	20代	30代	40代	50歳以上	全体
レズビアン女性（372人）	30.4	28.2	22.1	8.5	10.0	23.4
ゲイ男性（9,849人）	28.8	22.1	20.0	16.6	11.8	19.6
バイセクシュアル男性（1,585人）	24.6	18.8	14.8	14.7	8.9	17.1
バイセクシュアル女性（219人）	31.6	28.8	25.0	27.3	0.0	26.9
ＭＴＦ（178人）	57.1	34.5	29.1	29.2	46.2	33.1
ＦＴＭ（98人）	58.3	36.8	22.7	16.7	0.0	34.7
Xジェンダー（MTX）（1,161人）	35.1	31.0	24.1	22.8	7.3	26.9
Xジェンダー（FTX）（332人）	68.0	26.1	23.2	20.0	0.0	27.1
その他（1,270人）	35.0	26.7	28.6	21.4	18.5	26.5
合計（15,064人）	31.9	23.5	20.9	17.4	12.0	21.1

Yasuharu Hidaka, PhD

図5　自傷行為経験

FTM、バイセクシュアル女性、Xジェンダー（FTX）、レズビアンが高率、いずれにおいても若年層に集中

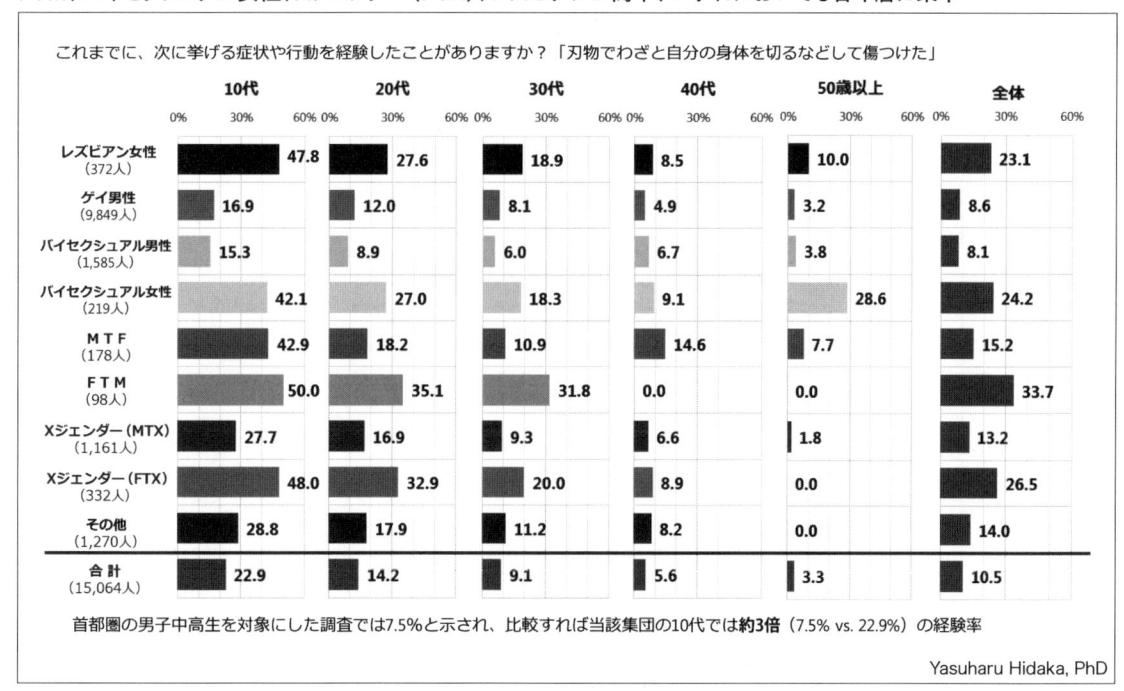

これまでに、次に挙げる症状や行動を経験したことがありますか？「刃物でわざと自分の身体を切るなどして傷つけた」

	10代	20代	30代	40代	50歳以上	全体
レズビアン女性（372人）	47.8	27.6	18.9	8.5	10.0	23.1
ゲイ男性（9,849人）	16.9	12.0	8.1	4.9	3.2	8.6
バイセクシュアル男性（1,585人）	15.3	8.9	6.0	6.7	3.8	8.1
バイセクシュアル女性（219人）	42.1	27.0	18.3	9.1	28.6	24.2
ＭＴＦ（178人）	42.9	18.2	10.9	14.6	7.7	15.2
ＦＴＭ（98人）	50.0	35.1	31.8	0.0	0.0	33.7
Xジェンダー（MTX）（1,161人）	27.7	16.9	9.3	6.6	1.8	13.2
Xジェンダー（FTX）（332人）	48.0	32.9	20.0	8.9	0.0	26.5
その他（1,270人）	28.8	17.9	11.2	8.2	0.0	14.0
合計（15,064人）	22.9	14.2	9.1	5.6	3.3	10.5

首都圏の男子中高生を対象にした調査では7.5%と示され、比較すれば当該集団の10代では**約3倍**（7.5% vs. 22.9%）の経験率

Yasuharu Hidaka, PhD

図6　三重県調査　いじめ被害に関する経験

全ての項目で当事者の方が高い傾向を示している
当事者は非当事者に比べ、性のあり方に関わるからかいにさらされている傾向が高い

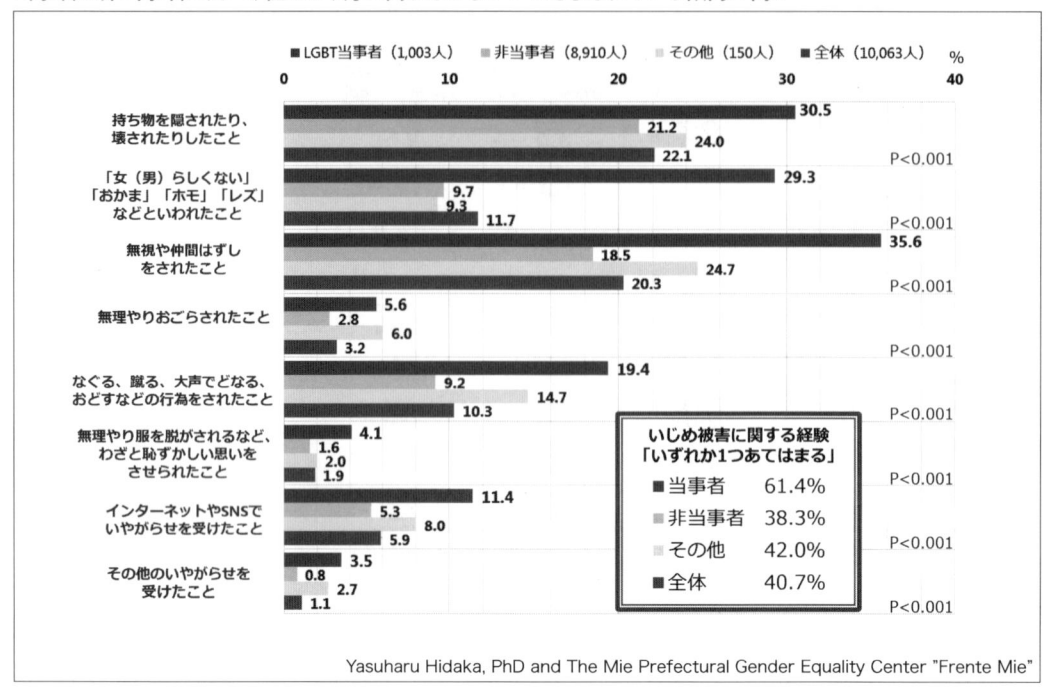

Yasuharu Hidaka, PhD and The Mie Prefectural Gender Equality Center "Frente Mie"

図7　三重県調査　自己否定に関する経験

全ての項目で当事者の方が高い傾向を示している
「特にわざと自分の体を傷つけた」経験の当事者・非当事者の差が大きい

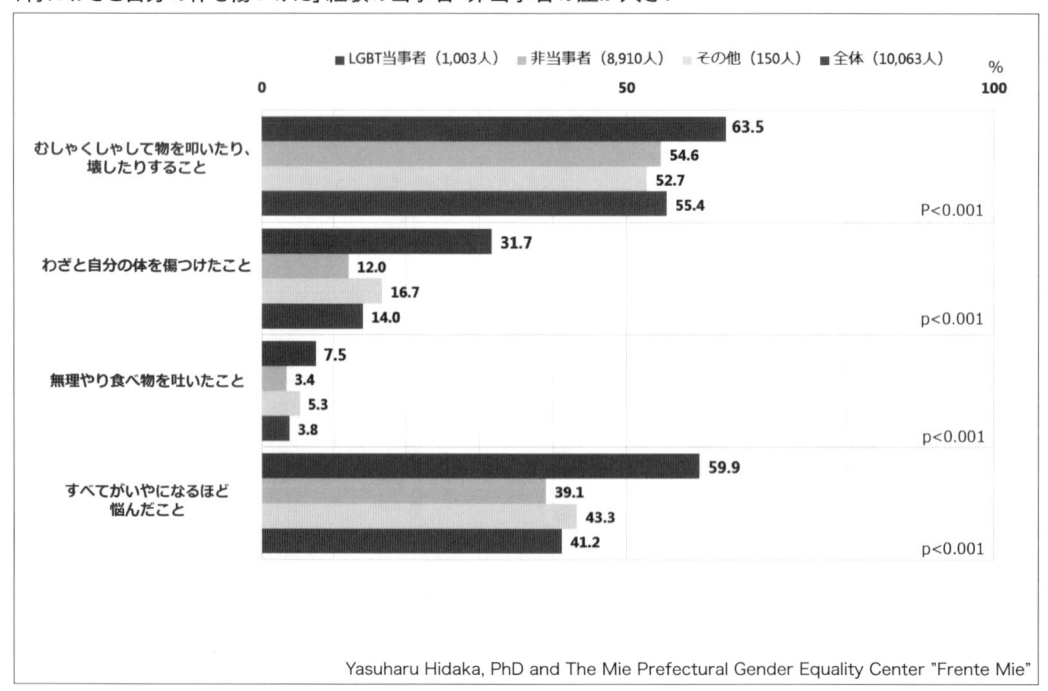

Yasuharu Hidaka, PhD and The Mie Prefectural Gender Equality Center "Frente Mie"

図8 三重県調査「いざという時に力になってくれる友人や先生がいる」

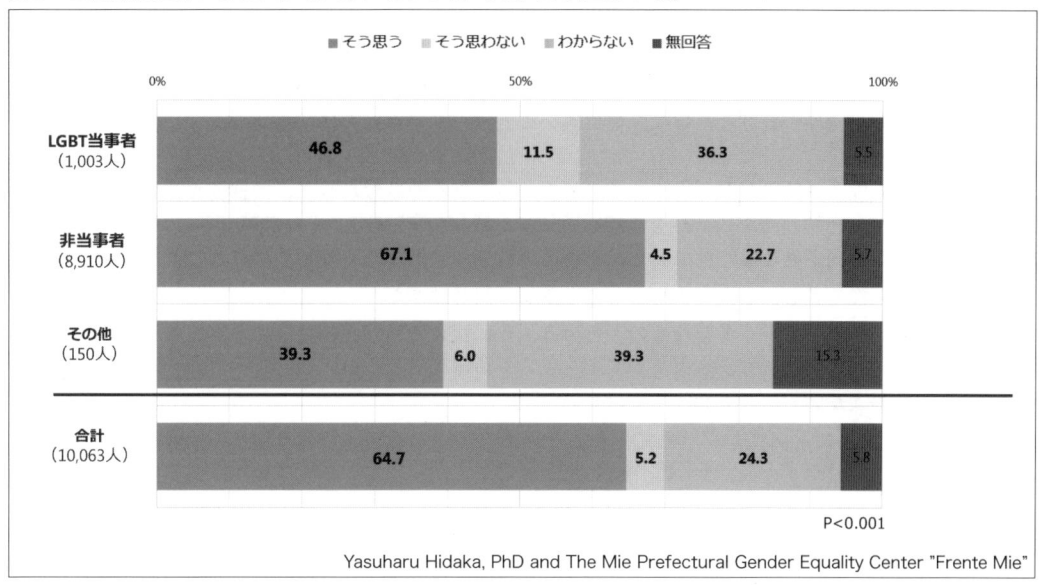

■ そう思う　□ そう思わない　▨ わからない　■ 無回答

	そう思う	そう思わない	わからない	無回答
LGBT当事者 (1,003人)	46.8	11.5	36.3	5.5
非当事者 (8,910人)	67.1	4.5	22.7	5.7
その他 (150人)	39.3	6.0	39.3	15.3
合計 (10,063人)	64.7	5.2	24.3	5.8

P<0.001

Yasuharu Hidaka, PhD and The Mie Prefectural Gender Equality Center "Frente Mie"

図9 三重県調査「学校には自分に安心できる場所がある」

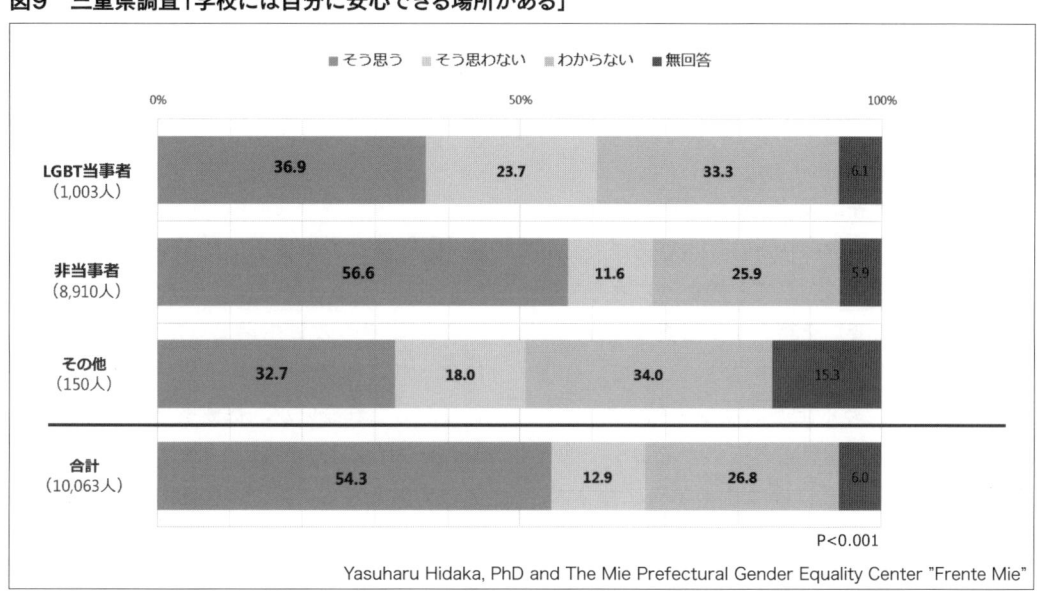

■ そう思う　□ そう思わない　▨ わからない　■ 無回答

	そう思う	そう思わない	わからない	無回答
LGBT当事者 (1,003人)	36.9	23.7	33.3	6.1
非当事者 (8,910人)	56.6	11.6	25.9	5.9
その他 (150人)	32.7	18.0	34.0	15.3
合計 (10,063人)	54.3	12.9	26.8	6.0

P<0.001

Yasuharu Hidaka, PhD and The Mie Prefectural Gender Equality Center "Frente Mie"

者は46.8％に対して非当事者は67.1％（**図8**）、「学校には自分にとって安心できる場所がある」と答えたLGBTs当事者は36.9％に対して非当事者では56.6％と（**図9**）、LGBTs当事者にとって学校が安全な場所とは言えない現状があることが示されている。

LGBTsの特に若年層は援助希求行動が苦手であると言われているが、これらの結果には彼らの心情や実情が反映されていると言えるだろう。生きづらさや困り具合を正確に伝えようと思えば性的指向や性自認のカミングアウトが不可欠である場合もあるが、カミングアウトを受け止めてもらえるのであろうかという強烈な不安を内包している場合が多い。

当事者の心情をより深く理解するために、ゲイ・バイセクシュアル男性を対象にしたイ

表3　差別や偏見のある社会に対して願うこと

- ・ゲイに対する偏見のない、自分たちにとって住みやすい社会になってほしい。
- ・「オネエ」、「ホモ」とか「オカマ」という呼び方には、偏見がこもっている。
- ・自分たちはただ同性が好きなだけで、何も悪いことはしていないのに、バッシングや中傷をされるのはおかしいと思う。
- ・同性愛が、異性愛者には理解できない愛の形だと思われるのは分かるが、同性愛が「おかしい・異常だ・人間のくずだ」と差別される社会にはなって欲しくない。
- ・ゲイは性的な指向が異なるだけであとは普通の男性です。抵抗なく接してくれることを望みます。
- ・同性愛者も異性愛者も、1人の人間としての価値は同じはずだ。
- ・ゲイを「汚いもの」とか「異常なもの」というふうに捉える異性愛の社会に不満を感じる。
- ・世の中には多様な性のあり方があることを、もっと理解してもらいたい。また、同じゲイでも色んな趣味趣向の人がいることをわかってほしい。
- ・世の中の人全てに、「同性愛を認めてくれ」と理解を強要する気はないけれど、せめて同性愛者であることを苦に自殺するようなことが起こらない社会になることを願っている。
- ・理解してもらいたいとまでは思わないが、せめて無視でもいいから、黙ってみていてほしい。自分たちのことを理解してくれる人が世の中に増えてほしいと願っている。
- ・恋人と街を歩くときに、周りの目を気にせずに手をつなげるような社会になってほしい。
- ・周囲の女性は「ゲイってかっこいい」などと言うが、私が「同性愛者だ」とカミングアウトすることによって、関係が崩れるのではないか、見る目が変わるのではないかとものすごく不安になる。
- ・社会的に普通に「存在している」事がわからない人が、いまだ多いと感じる。
- ・ゲイや同性愛について、もっと日常で正しい知識を一般の人に知ってもらえる場ができれば、今より少しは暮らしやすくなるのではないか。

ンターネット調査に設けられた自由記載欄に寄せられた多くの声の中から、当事者が差別や偏見がある社会に対してどのように考えているか（一部改変）を紹介する（**表3**）。

　ゲイ・バイセクシュアル男性について、社会的な理解を求める記述は数多く見られた。揶揄や蔑視、時には異常者扱いするような言葉を見聞きすることは傷つきの体験になり、逆に過度に理想化されたイメージで語られることにも、自分とのズレを感じて不安になることがあるようである。もっと理解してほしい、という声の一方で、理解までは望まないからせめて自分たちの存在を否定せずに黙ってみていてほしい、という声もある。

　差別や偏見によってこれ以上否定されて傷つきたくない、当たり前の生活をしている普通の人間として、身近に存在していることをそのまま認めてもらえるような社会であってほしい、という切実な願いが伝わってくる[6]。

支援のフロントラインに立つ養護教諭

　これまでの教員生活でLGBTsの児童生徒に会ったことがないという先生方も多々おられるかもしれないが、保健室を預かる養護教諭の皆さんにおいては、日々より感度の高いアンテナを立てて、児童生徒の特徴や動向の一つとして性的指向や性自認について気づいている先生もおられるであろう。

　5,731人のゲイ・バイセクシュアル男性を対象にした調査によれば「学校で仲間はずれにされていると感じた」42.7%、「教室で居心地の悪さを感じた」57.0%、「ホモ・おかまといった言葉によるいじめ被害」54.5%、「言葉以外のいじめ被害」45.1%という経験率であり、学校でこれらの経験をしているゲイ・バイセクシュアル男性ほど、用事がないのに保健室訪問割合が明らかに高く、彼らにとって安全

とは言い切れない教室からの一時避難場所としての機能を保健室に求めていたことがわかっている。頻回来訪児童生徒のなかに、もしかしたらLGBTsが一定数存在しているかも知れないという想像力をめぐらし、彼らが自分自身の話をしやすいような環境整備をすることも養護教諭に求められている役割の一つであろう。しかしながら性的指向や性自認について積極的に取り組みを進めようとするあまり、養護教諭の側から「もしかして自分の性別のことで何か悩んでいるの？」「同性のことが好きなの？」といった質問を保健室でしてしまうと彼らの信頼や安心を一方的に壊すことになりかねず、そのような言葉掛けは極力避けたほうがいいだろう。これは保健室の中だけに限らず教室であれ学校のどこであっても留意を要することである。LGBTsの彼らは、誰が信頼できる大人であるのか、自分の心情や苦悩を吐露してもいいものだろうかと熟慮を重ね、人との距離感を微妙に保っている。自分自身の性的指向や性自認のことを表出していないにもかかわらず、教員の側が土足で踏み込んでしまうような言動は時に暴力ともなりうるからである。教員の側から積極的に踏み込むというよりはむしろ、彼らが心から正直に話してもいいと思えるような、多様性を尊重する環境づくりをしていくことが急務であろう。

校内で実施可能な取り組みとして、今すぐにできることはいくつもある。

①専門家等を招いての教員研修の実施
②人権教育の一環として性の多様性に関する授業の実施
③性的指向や性自認の多様性についてポジティブな発言を教員がしていく
④関連する書籍を保健室や図書室に配架する（たとえば拙著「もっと知りたい！話したい！セクシュアルマイノリティ ありのままのきみがいい１〜３」「レイ ンボーフラッグ誕生物語　セクシュアルマイノリティの政治家ハーヴェイ・ミルク」（汐文社）など）
⑤啓発ポスターを校内に掲示する
⑥学級通信で取り上げ保護者へも情報を提供する　等々

学齢期の早い段階で多様性について肯定的なメッセージを受け取り、それを内面化することは、当事者である子ども達自身の自尊感情や自己肯定感を高めていくことのみならず、当事者ではない子どもにおいても人権感覚を養う貴重なきっかけに[7]なる。

LGBTsの児童生徒の存在を認識したうえでの教員の言動やその配慮、学校の取り組みをいつから何を始めることができるのか、先生方が今まさにそれを決断するときである。

【注】

1　日高 庸晴（2017）LGBT当事者の意識調査 REACH Online 2016 for Sexual Minorities, http://www.health-issue.jp/reach_online2016_report.pdf
2　Matsumoto T, Imamura F.（2008）Self-injury in Japanese junior and senior high-school students: Prevalence and association with substance use. Psychiatry and Clinical Neurosciences 62: 123-125
3　Hidaka Y., Operario D.（2006）Attempted suicide, psychological health and exposure to harassment among Japanese homosexual, bisexual or other men questioning theirsexual orientation recruited via the Internet. Journal of Epidemiology and Community Health. 60：962-967. 2006.
4　日高庸晴, 市川誠一, 木村博和（2007）厚生労働科学研究費補助金エイズ対策研究推進事業　ゲイ・バイセクシュアル男性の健康レポート2. http://www.j-msm.com/report/report02/report02_all.pdf
5　Hidaka Y., Operario D., Takenaka M., Omori S., Ichikawa S., Shirasaka T.（2008）Attempted suicide and associated risk factors among youth in urban Japan. Social Psychiatry and Psychiatric Epidemiology. 43：752-757. 2008.
6　4と同じ（再掲）
7　日高 庸晴（2015）子どもの"人生を変える"先生の言葉があります。厚生労働省エイズ対策研究事業, http://www.health-issue.jp/f/

「LGBT」は健康教育の1コマ

及川 比呂子
（おいかわ ひろこ）

神奈川県三浦市立初声小学校　総括養護教諭

　私は『子どもたちの生きる力になる学び』が健康教育だと考えています。目の前にいる子どもたちから課題が浮かび上がったり、求められたりして健康教育のネタが生まれてきます。「LGBT」も「歯磨き指導」や「心の健康」と同じように大切で身近な健康教育ネタです。だから、あまり構えず、いつも通りに授業をしています。私が普通にシレ〜ッ（?）とやっているので、管理職も担任も子どもたちも、いつも通りに受け止めて穏やかに授業ができています。

　声高に「小学校でLGBTやっているんですってね」「道徳で取り組んでいるそうですね」とグイグイ来られると正直引きます。私も担任も子どもたちも普通にやっているので、最先端の研究校や研究授業を思い描かれるとまるで違うからです。わかりやすくいうと「普段着の授業」です。他の健康教育同様に、普通にしているので、他の職員はその日そのクラスで「LGBT」に関する授業をしていることを知りません。管理職には授業の内容や日時を伝え、その時間保健室が空になるのでよろしく、とお願いをします。これも他の授業と同様です。

　「普段着の授業」だから楽な気持ちで行なえて、良くないところがあったら次はこうしてみよう、と反省する。そしてまた教室へ！という形です。

　それでは実際に行なった授業を4本ご紹介します。普段着の授業では指導案をつくらず、授業内容や流れを共有する形をとっています。その点をご理解のうえ、ご覧ください。

普段着の授業 その❶　ジェンダーと人権 〜私らしさ〜

　5年生で道徳の時間を使い、担任とT.Tで行なった授業です（この授業はレポート提案としてまとめる都合があり、それなりの形になっています）。

第5年生道徳指導案（2017年7月14日実施）
授業者　T1：5年3組 担任 加藤恵美子　T2：養護教諭 及川比呂子

主題名　「男らしさ？女らしさ？」
・視点2　主として他の人との関わりに関すること
・内容項目　（4）謙虚な心をもち、広い心で自分と異なる意見や立場を大切にする。

ねらいと資料

- ねらい
  ○日常生活の中で自分が意識していなかった性別の固定概念を振り返り、現代の中で多様な性の認識を知り、お互いをどう尊重するか、自分なりに考える。
- 資料
  ○「LGBTってなんだろう」（著：薬師実芳他、出版：合同出版）
  ○朝日新聞、神奈川新聞の記事

主題設定の理由

（本時の位置づけ）

　社会には様々な人が住んでいる。性に関する認識も多種多様で、「LGBT（同性愛者・性同一性障害者などの性的マイノリティー）」は、7.2％いるといわれている。現代では、ようやくLGBTの方たちがカミングアウトをし、自分らしく生きる社会を目指そうと動き始めたところだ。

　本校では2016年度、養護教諭と担任による6年生の道徳の授業で、LGBTについて理解を進めた。中学校に入学する前に多種多様な性の認識があることを理解する必要があると感じたからである。

　今回も、5年生に向け担任と養護教諭が協力し授業を行なった。LGBTに理解がある大人が身近にいることを子どもたちに伝えたかったからである。また、養護教諭が子どもたちに語り掛けることは、これから思春期に入っていく5年生にとって大きな意味があると考えた。5年生に身近なところから性別についてどう理解していくか考えさせることで、自分を含めた社会の人々が自分らしく生きていくこと、そしてそのためにお互いを尊重することの大切さを伝えたいと思い、本主題を設定した。

（指導観）

　本時は、日頃性差について思っていることを述べるところから始めた。子どもたちは何気なく言われたこと・言ったことに対して、あまり深く考えたことがないと思われる。ただ、それは教師が見かけ上思っていることで、本当はどんな思いをしているのかわからない。まず、男らしさ、女らしさについて思っていることを事前にアンケートをとり、子どもたちがどんな思いをしているか授業者が知るところから始めた。そしてそのアンケートをもとに、子どもたちが日頃思っている性別に対する意識をお互いどう思うか意見交換することで、自分が持っている固定的概念について考えてもらいたいと考えた。

　そして、展開1では性別について疑問に思った経験を持つ人の話をする。その話を題材にして自分の性別に対する考え方を振り返り、これからどうしたらよいか考えさせる。そして、展開2として養護教諭により、LGBTの存在を伝え、みんなが気持ちよく過ごすために自分たちができることは何か考えさせる。

（児童観）

　本学級の児童は、穏やかで思いやりのある児童が多い。また、男女の仲が良く、男女の差をあまり感じることなくグループ活動を行なっている。全体的には幼く、これから性に関して関心を持ち、意識が高まってくると思われる。この時期に今もっている性の固定観念を出し合い、それぞれに対して、考えを深め合い、世の中には自分たちが思っている以上の多様な性の認識があることを知ることは自分の考えを広げるために大切であると考える。また、自分たちの他愛もないからかいや言動に心を傷つけられる可能性がある人たちの存在を知ることは、これからの成長に大事であると考える。

展　開

	学習活動	教師の支援・留意点
導　入	1．事前のアンケートで答えた女の子らしさ、男らしさについて結果を確認する。	○12項目の中から6項目に絞り、次の話し合いをやりやすくする。
展開1	2．結果について思うことを話す。 ・自分の意見を理由も考えて話す。 （・出た意見に対してグループで話し合う。） （・全体で意見を交換する。）	○話しやすい項目から考えさせる。 ・個人（・グループ） ・全体 　全体で意見が出るようならグループの話し合いはしない。
	3．女だから、男だからという理由で、させてもらえなかった人たちの思いを聞く。 ・どう思うか話す。 ・自分もさせてあげなかったことはないか考える。	○自分も人に嫌な思いをさせていたことを話すのは難しいので、自分の中で振り返る時間を十分とる。
	4．男らしさ・女らしさよりも自分らしさを大切にするためにはどうすればいいか考える。 ・ワークシートに書く。 （発表）	○自分なりの考えをもつことの大切さを伝える。もし、自分の差別に気づき、これから変えていきたいと思った子がいたら、その価値について子どもたちに伝えたい。
展開2	5．LGBTについて知る。 （養護教諭による、LGBTの説明）	○手作り教材と新聞記事を使い、現代におけるLGBTに関する情報を伝える。
まとめ	6．ワークシートにこの学習で学んだこと、感じこと、考えたことを書く。	○LGBTのことを知る前の考えとLGBTのことを知った上での考えの差が分かるよう、2回書かせたい。

〈展開2の内容記録〉

①思い込み、刷り込みから生まれた「らしさ」
——朝日新聞（2017年6月27日付）を使って

　男の子のおもちゃ、女の子のおもちゃと区別して販売していたが、子どもが好きで欲しがる物を買い与えるような意識変化があり、その流れに合わせて製造や販売にも変化が表れてきた。「男の子のおもちゃ、女の子のおもちゃ」というのは大人の思い込みを子どもに押しつけていたと気づいてきた。

　大人たちの思い込みが「正しいこと、常識」と考えられ、それ以外を「正しくない、常識はずれ」と決めつける世の中になっていた。

ところが、この新聞記事のおもちゃのように、だんだん世の中の流れが変わってきている。決めつけてはいけない、そういう流れが少しずつ少しずつ大きくなってきて、じっと黙っていた人たちが意見を言うようになってきた。

　「男の子＝青　女の子＝ピンク」もその例。先生は今日大好きなブルーの洋服を着ている。女はその色は着てはいけない、と言われたらすごく悲しい。

②からだと心がしっくりこない人たち──LGBT教材を使って

　「あなたはおかしい」と言われるのがこわくて黙っていたのは「LGBT」と言われる人たち。

　　　男の子のからだで生まれると自分は男の子って思える
　　　女の子のからだで生まれると自分は女の子って思える

　実はそうではない人がいる。からだと心がしっくりこない人は、20人に1人とも、13人に1人いるとも言われている。やっと調査が始まったばかりだからはっきりしない部分もあるけれど、今はこの2つの数字が言われている。LGBTの人たちはじっと黙って我慢していたんだ。だから気づかなかったんだ。いないんじゃなくて知らずにいただけなんだ。

及川先生の本

『オイカワ流授業のネタ本』(子どもと健康No.83) 労働教育センター、『オイカワ先生のアイディア引き出し』ぱすてる書房、『オイカワ流保健学習のススメ』東山書房、『養護教諭の実務マニュアル　オイカワ先生のお仕事術』明治図書。共著に『教師のためのキャラクタートーク術』たんぽぽ出版他、DVD「オイカワ流健康教育」ジャパンライム、『いちばん受けたい授業 (全国76人の教員の授業実践)』朝日新聞社編に収録等、多数。現在、『健康教室』(東山書房) に「オイカワ流ミニネタ保健指導」を好評連載中!

③決めつけないでの声──新聞記事を使って

「決めつけないで」──やっと少しずつ声を出せるようになってきた。その例を紹介すると、

- ・心は女性　女子大も門戸？（2017.6.19　朝日新聞）
- ・LGBT就活支援（2017.4.5　神奈川新聞）
- ・性的少数者　生きづらさ鮮明……気づかないうちにいじめや差別をしていないだろうか（2017.3.3　朝日新聞）
- ・ありのままを話したい（2017.3.23　朝日新聞）

④みんなにできること──LGBT教材にもどって

そんなに難しいことではない。「他人も自分も、決めつけない」「笑いのネタにしない」「困ったら相談していい」。今まで思い込んでいた以外の事があっても何も不思議ではないってこと。

〈学級通信〉

担任が以下の内容で学級通信を出しました。

道徳「男らしさ？女らしさ？」

社会を知る旅の第1回目に「男らしさ？女らしさ？」について学習しました。

まず、初めに子どもたちに「女の子らしさ、男の子らしさ」とはどんなことだと思うかアンケートを取りました。それぞれ12項目あり、「そう思う　思わない　？」のどれかに〇をつけました。そしてアンケートをして考えたことを自由に書きました。その結果を紹介するところから2時間目の学習が始まりました。結果は…

	女の子らしさ	男の子らしさ
そう思うが一番多かった項目	料理や裁縫が好き	ズボンをはいている 工作やスポーツが好き
一番意見が分かれた項目	髪が長い	青や緑が好き
思わないが一番多かった項目	夢はお花屋さん	夢はパイロット

この結果を見て思ったことを語り合うところから話し合いが始まりました。思わないが多かった夢については、すぐに、「**人それぞれなのだから、男女は関係がない**」という意見が出ました。次に「**髪の長さも人ぞれぞれだよ**」という意見が出て、みんなが「**うん、うん**」とうなずきました。「**色の好みだって人それぞれで、男女には関係がない**」という意見にこれまた、みんな納得です。

その後「**工作やスポーツが好きなのはやっぱり男の子だよな**」という意見が出たのですが、「**いや、裁縫の上手な〇〇（男の子）だっているよな**」とか「**工作やスポー**

ツの得意な女の子だっている」という意見が出て、初めの子は「そっか〜。自分の周りの人しか見てなかった」と意見を取り下げました。やっぱり男女に関係がないという結論です。

　最後の「**ズボンをはいている**」については、「**女の子だってズボンが好きな子もいる**」という意見に対して、「**いや、でもズボンをはくのは男の子の基本だよ**」「**ズボンをはかない男の子はいない**」と反論。これだけは男の子らしさだという意見に集約されそうだったなか、「**でも、男の子だってズボンをはかなきゃいけないっていう理由はない。スカートをはいたっていいんじゃない**」という意見も出て、なかなか興味深い話し合いになりました。

　続いて20歳ぐらいの先輩が子どもの時辛かったというエピソードを4つ紹介し、考えを深めました。「応援団長に女だからってなれなかった」「男の子だからってセーラームーンの下敷きを使えなかった」「女の子と遊んでいたらからわれた」「女の子なのにこんな役やるのかって言われた」。それぞれ紹介するたびに子どもたちから「**あーそうそう**」「**あるある**」という声が聞かれました。どう思うかと問うと、「**全部性別で限られている**」「**やりたいならやらせてあげてほしい**」という意見が出ました。

　でも、自分だって周りの友達や兄弟に「男のくせに」とか「女の子なのに」とか言って止めてきたことはないかな、と問うた後、このような性別で限られるのではなく、人それぞれを大切にし、「自分らしさ」を大切にするにはどうしたらよいか考えさせました。

　そして、今日の授業の特別講師、養護教諭の及川先生にLGBTについて分かりやすく話していただきました。

　LGBTはご存知の方もいらっしゃるでしょうが、レズビアン、ゲイ、バイセクシャル、トランスジェンダーの略です。難しい話はされないで、世の中には心の性別と体の性別が一致しない人が13人に1人ぐらいいて、そのことは全然おかしいことじゃなく、笑いのネタにすることでもなく、自分がそうだった時、あるいは友達に相談された時、困ったら相談していいんだよと教えていただきました。

　13人に1人というのは私たちの身近にもいておかしくない割合なので、きっとLGBTの方に会う機会があるはずです。子どもたちが大人になるまでに出会う問題だと思います。5年生の今、知る必要があると及川先生と話し合いました。おもちゃの世界で、男女に差がなくなっている新聞記事や、女子大が性同一性障害の方にも門戸を開こうとしているという分かりやすい話から入っていただき、子どもたちは素直な心と柔らかい頭でLGBTについて考えたと思います。最後に今日学習したことで学んだこと考えたこと感じたことを書きました。

子どもたちの感想文から

　初めは、アンケートを取ったとき性別があると考えていた子

○男と女は好きなものが全然違うと思っていたけど、でも今は、おもちゃも関係がないって聞いて「へぇ～。」って思いました。

○人によってそれぞれだし、自分らしさはほかの人とはちがう。自分は自分、ほかの人はほかの人と、一人一人がちがう。性別ごとに分けなくてもいいと思った。

○男でも女でも関係なく、決めつけない。性別で区別しないで、やりたいなら自信をもってやる。人それぞれ好きなことがあるからそれを考えてやる。

○今日の道徳の時間で思ったことは、体と心がぴったり合わない人もこの世の中にたくさんいるから女の子がこれじゃないと男の子がこれじゃないと…とか思っていると、「おかま」とか「おかしい」とか平気で言葉に出してしまうから、自分は自分なりでいいと思った。

実は途中で「おかま」という発言が子どもたちからあり、そういう言葉で傷ついている人がいるかもしれないね、と授業の最後に及川先生と私で伝えました。

○笑ってネタにしないということは、確かにその言葉で傷つく人もいるし、言われて嫌な気分になる人もいると思うからそういう言葉を言わない方がいいと思った。そして、自分も言われたらいやだから、そういう時は相談する。

○自分が悪気がなく言っている言葉でも、相手を傷つけているときがあるかもしれないことを学んだ。男だからって限られているわけではない。

○女でも心は男だったり、男だけど心は女でという人がたくさんいることを学んだ。もしかしたら、自分が言っている言葉で人を傷つけているかもって思った。

○笑いをネタにしてはいけないと聞いて、やばい、いつもいっているから、みんな気にしているかもっと思いました。それを学んで、気をつけようと自分の心の中で思いました。

ちゃんと自分を振り返ることができていて素晴らしいです。
最初から性別は関係がないんじゃないか、人それぞれでいいんじゃないかと思っていた人たちはさらに考えを深めたようです。

○学んで、やっぱり男女関係なく、応援団長とかでも、男だけでなく女もやっていいと思うし、男の子の物を女の子が使ってもおかしくないと思いました。

○少し決めつけられていたかもしれないけど、この授業で、それはちがうということが分かったからよかったです。自分も青が2番目に好きだから別にいいんだと再確認できました。これを学んだから、ほかの人をばかにしないし、自分も、ありのままの自分でいようと思いました。

次のような頼もしい意見もありました。
○この世の中で、昔は、男は男のおもちゃがあってみたいな、決めつけられていたこ

とにおどろいた。でも、最近は変わってきているみたいだから、ちょうどぼくらの世代が決まりをくつがえすべきだと思う。

　最後にとてもうれしかった一言。この子は、男の子らしさ女の子らしさのアンケートに少し違和感を感じていた子でした。
○…自分の気持ちに自信をいっぱいもっていい、ということが分かりました。
　この「いっぱい」というところに今回の学習で得たこの子の安心感を、感じます。社会を知る旅ですが、最後は自分に戻ってきます。社会を知る旅は自分を確認する旅でもあるわけです。今回の授業は外部からの参観者もいらっしゃいました。関心の高さが伺えます。お家でも話題にしていただけると嬉しいです。
　2学期も旅は続きます。――

普段着の授業 その❷　ジェンダーと人権 Part2 〜性別変更したフットボール選手〜

　同じクラス（5年3組）でPart2として行なった授業です。すでに性自認の揺らぎを理解している子どもたちに課題を投げかけ、考えさせ、悩ませ、意見を引き出そうと考えました。

2017年11月22日（水）5時間目　T1：5年3組 担任 加藤惠美子　T2：及川比呂子

〈授業の流れ〉
1．心と体の性別がしっくりこない人についての学習を振り返る
2．新聞記事を提示する（2017.10.19　朝日新聞）
3．初回感想を自由に発言する
4．クラスを左右半分に分け「マウンシーさんだったら」と「プロリーグ選手だったら」を話し合う
5．両者の立場でどう考えたか発表する
6．次に全員で、判断し責任を負う立場「プロリーグ関係者だったら」を話し合う
7．話し合って考えたことを発表する
8．立場が変わって考えがどうかわったか、全体を通して何を感じたか、など発表してまとめとする

性別変更した選手　排除

豪式フットボールリーグ　決定波紋

女性へ性別変更した選手は女子リーグでプレーさせない——。オーストラリアの人気スポーツ、オーストラリアンフットボールのプロリーグ（AFL）の決定が議論を呼んでいる。「肉体の強さを分析した結果」としているが、基準がはっきりしないためだ。

豪紙オーストラリアンなどによると、AFLは17日、性同一性障害で2年前に性別変更して女性になったハンナ・マウンシー選手（27）を、18日の女子リーグ新人ドラフトの候補者名簿に入れないと決めた。マウンシー選手は身長190ボ、100㌔。かつてハンドボール男子の豪州代表だった。他選手との体格差を危険と判断したようだ。

マウンシー選手は「失望している」と声明を出した。AFL選手会は同選手を支援し、「選手資格について明確な指針を作るべきだ」とした。

オーストラリアンフットボールは選手同士の激しいぶつかり合いや運動量の多さから「世界で最も激しい球技」とも呼ばれる。女子は今年、初めてリーグ戦が開催された。

（シドニー＝小暮哲夫）

ハンナ・マウンシー選手＝本人のフェイスブックから

2017.10.19（木）朝日新聞

自分が・・・

マウンシーさんだったら
戸籍上「女性」になったのに「女性としての権利」は認められないのか。
自分があきらめては同じ悩みを抱える人たちもあきらめてしまう。夢を叶えたい。

プロリーグ関係者だったら
どちらの気持ちもわかる。
時間をかけて論議したいがドラフト期日までに結論を出さなくてはならない。
小柄なケースなら OK か？
同等体格の女性も NO か？

プロリーグ選手だったら
心は女性でも体は男性
危険が伴う心配がある。
男性リーグに入れないのだから女性リーグで受入れるべき。

何が正しい、何がベスト・・・正解はわからない。みな迷いながら探りながら様子をみながら答えを探している。一緒に悩み考えることが大事なのではないだろうか。

担任が以下の学級通信を出しました。

及川先生との道徳　第2弾

　2学期も及川先生との道徳の授業をしました。「自分らしく生きる」をテーマにしたパート2です。及川先生と前回学習した性的マイノリティー、トランスジェンダーについて復習し、及川先生から今回の題材、性別変更したフットボール選手、オーストラリア人のハンナ・マウンシーさんについての新聞記事を紹介してもらいました。オーストラリアンフットボールのプロリーグ（AFL）が女性へ性別変更をしたハンナ・マウンシーさんにプレーをさせないと決定したという記事です。その話を聞き、まず、子どもたちにこの決定を聞いてどう思うかを書かせました。

　その後、クラスを2つに分け、マウンシーさんの立場と戦う相手の選手の立場、それぞれに立ってこの決定をどう思うかグループで話し合わせました。子どもたちはそれぞれ自分だったらどう思うか、そう思った理由を考え話し合いました。話し合いの後それぞれの立場で発言をしました。

　自分がマウンシーさんだったら「**夢は諦められない、今までの努力が無駄になる。女性なのだから参加できるのは当たり前。**」という意見が出る一方「**決定には従わなければならない、あきらめる。**」という意見もありました。相手側の選手の立場では「**マウンシーさんに痩せる努力をしてもらい、受け入れたい。AFL に許可してもらうよう頼みに行きたい。**」という意見がある一方で、「**戦うことはいいが、怖い気持ちもある。**」という意見もありました。そして子どもたちが気にしたのが、「**できるできないの基準は何か？**」です。

　最後に、「もし自分がAFLの人間で、基準を決める判断をする立場だったらどうするか」と問いかけました。それまで選手側の立場だったのが急に責任を求められる立場になり、子どもたちから「え〜」という困惑の声が上がりました。悩みながらも自分の考えを文章にしていきました。その意見を何人かに話してもらいました。「**基準をはっきりさせて、マウンシーさんに希望をもってもらえるような話し方をしたい。**」「**相手側の選手の気持ちも大切にしたい。**」「**マウンシーさんに限らず、どの選手にとっても公平な基準と判断を行いたい。**」という意見が出ました。そして最後に今日学んだことを書きました。

　現実は厳しく、まだマウンシーさんは選手として許可されていません。けれども、お互いの立場を考え、公平な判断とは何かと問いかけ続ける態度こそ大切なことです。最後の感想の中には誰もが納得できる判断を考え続けたいという意見が多かったです。及川先生と「この短時間の間に子どもたちはそれぞれの立場に立ち、一生懸命考え、答えを出そうと努力していましたね。」と感心し合いました。まさに、この多角的に考える態度こそ大事なのだと思います。それができた5年3組の子どもたちは素晴らしいと思います。

　実際に子どもたちの周りにはいろいろな問題が起こります。ぜひこの態度を貫いてほしいと願っています。

及川先生と子どもたちの学習する様子

普段着の授業 その❸ LGBTってなんだろう（道徳）

5年1組での授業です。こちらは担任からの持ち込みでした。

2017年12月14日（木）4校時　教室にて　T1：5年1組 担任 吉田千夏　T2：及川比呂子

〈授業のねらい〉

身体と心の性別に違和感を持つ人は20人に1人とも13人に1人とも言われている。数字の通りだと5年1組の中にも1〜2人該当してもおかしくない。担任が当事者の友人から相談を受け、どう受け止めていいか悩んだ経験を、研修会での課題という形に変え、子どもたちに投げかける。5年生の発達段階に合わせLGBTを理解し、どのように受け止め対応するか一緒に考えていく。差別や偏見なく理解し、受け入れられるようにし、自らの性を考え、違和感を持った時の対応の仕方も学ばせたい。

〈道徳としてのとらえ〉

道徳内容項目A−(4) 自己を見つめ自分の特徴を知る、C−(13) 差別や偏見をもたない、D−(22) よりよく生きようとする強さ、を組み合わせながら関連させて実施する。

〈教　材〉

「道徳の指導計画の作成と内容の取扱い」の3より　ア児童の発達段階　イ悩みや葛藤など心の揺れの理解　ウ多様な見方、考え方　に照らし合わせ、5−1の実態に合わせ使用。

〈授業の流れ〉

	T1	投げかける内容
導入	千夏T	実は先生、悩んでいることがあって、先週、研修会で出された課題の答えがどうしてもまとまらないの。来週、答えを持ち寄って2回目の研修会があるのに…。みんなにも及川先生にも一緒に考えてもらいたいと思っているの。 課題：ずっと仲良しの女の子の友だちに「実は心は男の子。これからは男の子の友だちとして今まで通り仲良くしてほしい」と言われた。その場でなんと言いどんな対応をしますか。
展開1	及川	・LGBTの性自認の部分のみ説明する ・悪いことでも、おかしなことでも、病気でもない点をおさえる ・性自認の揺らぐ人の割合を示す
展開2	千夏T	みんなの意見をきかせてほしい→ワークシートに記入 ・LGBTの説明を聞いてどう思ったか ・先生はどう友だちに答えを返してあげたらいいのか
展開3	千夏T	記入した考え、意見を出してもらい板書してクラスで共有する ・LGBTの説明を聞いてどう思ったか ・先生はどう友だちに答えを返してあげたらいいのか
展開4	及川	・新聞教材を使い世の中の動きや状況を示す ・自分が揺らいだらどうすればいいか ・相談されたらどうすればいいのか
まとめ	千夏T	何が正解なのかはわかりません。及川の説明・子どもたちの意見や考えを聞いて千夏Tが感じたこと思ったことを率直に語りましょう。 ・ワークシートに授業の感想を書いて終了

以下のような内容で担任が家庭に返しました。

資料3　学級通信

"LGBT" を考える

先週の道徳の時間、保健の及川先生に協力してもらい、「LGBT」について考える授業をしました。

> 私が受けた LGBT の研修で、「今まで仲良くしていた女友だちに、『実は心の中が男の子なんだ。今日からは、男の子の友だちとして接してほしい』そう打ち明けられた時、あなたはどう答え、どんな対応をしますか？」という宿題を出されました。LGBT の知識も乏しい私は、及川先生に相談しました。そこで、「クラスの子たちと一緒に考えてみたらどう？」と提案してもらい、今回の授業を行うことにしました。

授業のはじめ、子どもたちにもこんな宿題が出され、悩んでいるということを伝え、一緒に考えてほしいと話しました。その後、及川先生から LGBT についての話を聞きました。（13人に1人の割合でいると言われていること。病気ではないこと。など…）

◎『話を聞いてどう思った？』という問いかけには‥‥

・13人に1人って知って驚いた。　　・初めて知った。

・そういう人たちがいるんだなって思った。

・自分が出会ったことがないから、「？」が浮かんだ。

・人それぞれ違うんだから、聞いても別に驚かなかった。

などと、初めて知った子が半数くらいいました。

◎「もし自分だったらどう考えるか」「先生はこの友だちになんて言ったらいいか」考えてもらいました。

・「大丈夫だよ。気にしないで。」と言う。少しはびっくりすると思うけど、友だちだから素直に受け止めてあげることが大切だと思う。

・素直に「わかった。うん。」と言って、男友だちとして見てあげればいいと思う。

・自分の個性なんだから、否定はしない。

・動揺しないで、冷静に答える。

・「正直な気持ちを教えてくれてありがとう。べつにかまわないよ。女の子でも男の子でも友だち。」

・自分のその時の思いを素直に伝える。

というような意見と、

・もし自分の友だちがって考えたら、今までと同じように接することができない。友だちをやめてしまうかもしれない。

・「生まれた性別のままがいいよ。」って説得しちゃうと思う。

・性別が変わるだけで友だちは友だちだから、ふだん通りに接してあげればいいと思う。だけど、自分にはできない。

というような意見もありました。

　5年生にとって、「LGBT」について考えることって、ちょっと難しいのかな？子どもたちは考えられるのかな？授業を始める前、不安もありました。もちろん「難しかった。」と感想を書いている子もいました。けれど、自分なりに考えた結果、難しかったのであれば、それはとても意味のあることなのではないかと思います。私自身も、子どもたちの考えや話を聞けば聞くほど、考えがまとまらず悩みました。その授業内で答えが出せず、次まで考えさせて！と子どもたちに伝えました。ですので、ここに私の考えを載せたいと思います。

> 自分の友だちがと考えると、すんなりと受け入れることはできないかもしれません。けれど、すっごく悩んでいたこと、しかも言いにくいことを打ちあけてくれるということは、それくらい大切な友だちだと思ってくれているから、拒否することも絶対にしないと思います。その子と過ごしてきた日々が変わるわけでもないし、その子に対する気持ちも変わらない。だから、「"男の子"としてとか"女の子"としてとかではなく、一人の友だちとして、これからもよろしくね。」って伝えるかな、と思います。

　何が正解なのか、分かりません。きっと、正解はないんですよね。だから、迷い、考えてしまうのだと思います。これから社会の中で様々な人に出会う子どもたち。様々な人や物と触れ合い、価値観を広げてほしいと思います。ぜひご家庭でも、話題にしていただけたら嬉しいです。（また機会があったら授業でもとりあげたいと思っています。）

普段着の授業 その❹ 性教育 〜もっとしりたい自分のこと〜

6年生に卒業プレゼントとして6年生チームで行なっている授業です。

2018年2月27日（火）6校時 多目的室
6年1組 鈴木萌　6年2組 中村亮太　6年3組 増田格人
6年支援担任 守谷紘平　教頭 二宮則子　及川比呂子

〈授業のねらい〉

　身体と心の性別に違和感を持つ人は20人に1人とも13人に1人とも言われている。数字の通りだと6年生でも数人は該当すると考えられる。中学で男女別の制服に違和感を感じ、悩んだり辛い思いをするのであろうか…。手作り教材を使い、身近な性に関する質問に答えながら自らの性を考え、違和感を持った時の対応の仕方を学ぶ。また、そう感じられる友だちに対して差別や偏見なく理解し受け入れられるようにしたい。

〈道徳としてのとらえ〉

　道徳内容項目A−（4）自己を見つめ自分の特徴を知る、C−（13）差別や偏見をもたない、D−（22）よりよく生きようとする強さ、を組み合わせながら関連させて実施する。

〈教　材〉

　「道徳の指導計画の作成と内容の取扱い」の3より　ア児童の発達段階　イ悩みや葛藤など心の揺れの理解　ウ多様な見方、考え方　に照らし合わせ、本校6年生の実態に合わせて作成。

〈内　容〉

　第二次性徴のあらわれにともなう悩みをQ&Aで答えながら、LGBTに関しても同様な一つの悩みとして扱う。授業は担任・及川のT.Tで実施する。男性職員は男子の悩みを女性職員は女子の悩みを担当し、LGBTも悩みの一つととらえられるようにする。

〈授業の流れ〉

　多目的室を保健室に見立て、放課後、悩みを抱えた子どもたちが相談に訪れるという設定。担当する悩みカードを持って順番に多目的室に入ってきて及川に相談し、説明を受けて納得。「なるほど〜」「よかった！」など安心して座る。児童は男女分かれて座る。

　＊アドリブをきかせ、なりきって相談に来てください。

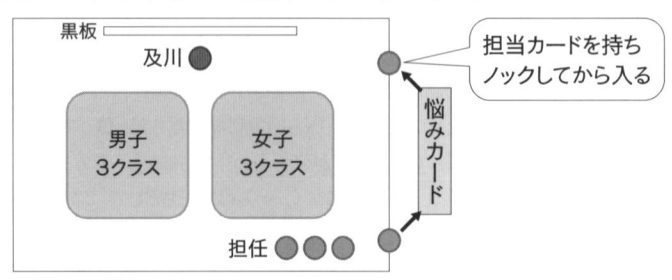

	担当	悩み
1	萌	**共通1　ホルモンってなに？　男性ホルモン　女性ホルモン** ♪ホルモン焼きとどう違うの？などなどお好きにアレンジしてね
2	亮太	**B−1　精子を出さないとパンクする？** ♪これから精子がたくさん作られるようになるって教わったけど、そのままだとパンクしちゃうのかな〜 (@_@;)
3	二宮	**G−1　1週間も出血して血が足りなくならないの？** ♪1週間寝ている間も血が出ていて、血が足りなくならないのか心配
4	増田	**B−2　精子とオシッコ　まざらないの？** ♪大事ないのちのもと、精子がオシッコと同じ場所から出るっておそわってびっくり！　オシッコとまざらないのかなあ (-"-)
5	萌	**G−2　生理が始まると身長がのびなくなるってホント？** ♪私、あと5センチは背が伸びてほしい。生理が始まると背が伸びなくなるってホント？
6	守谷	**B−3　声変わり　喉で何が起きている？** ♪仲よしの〇〇君が急に声が低くなってびっくりした！　見た目はわからないけど、のどで何が起きたんだろう？
7	二宮	**G−3　生理痛の薬　小学生がのんでもいいの？** ♪仲よしの百合恵ちゃんが生理のときお腹が痛いって保健室で休んでいたけど、ウチのお姉ちゃんはそういうときお薬のんでるよ。小学生は飲んじゃだめ？
8	増田	**B−4　胸にシコリが…少しふくらんだような…心配** ♪あの〜、僕、胸にシコリみたいなのができて、オデキだと思っていたらちょっと胸がふくらんできて…。先生……((+_+))…心配です
9	萌	**G−4　毛ぶかいのが気になる。そるとこくなる？** ♪このごろ腕のウブゲが濃くなってきた気がするの。いとこのお姉さんはカミソリで剃っているけどお母さんが濃くなるからやめなさいっていうの
10	亮太	**共通10　LGBTってなんだろう？** ♪「LGBTに理解を」新聞に載っていたけれど、お母さんに聞いてもお父さんに聞いてもよくわからないって言っていた。LGBTってどういうこと？

B…男子の悩み　**G**…女子の悩み　**共通**…性別に関係ない共通の悩み

①悩み・質問は全部で10。1つ2〜3分ですすめます。

②一応担当を振りましたが、入れ替わってもOK。学年でご相談ください。

③子どもたちの感想をもとにほけんだよりをつくります。帰学活などで感想をとってください。用紙は用意します。

ほけんだより3月

えらにえらになるんだって

男の子なのに胸がふくらんできて心配なんです

Q　まだ精通がないから、どんどん精子がたまりすぎてパンクしないか心配で…（*_*;

A　精子は毎日新しく作られて古くなると精巣上体ってところから吸収されるんだ。パンクしないから大丈夫。

Q　僕、胸にシコリができて少しふくらんできたみたいでものすごく心配。どうしよ〜〜〜（(+_+))

A　男の子にも女性ホルモンが作られるんだ。そのはたらきで3人に1人くらいは胸にシコリができたり少しふくらんだりするんだよ。でも、一時的なものでそのうち元に戻るからそのままにしておいて大丈夫。

ホルモン焼肉とは違うんだよ〜

Q　よく男性ホルモン、女性ホルモンって聞くけれど、ホルモンってどこで作られているの？

A　男性ホルモンは精巣で作られ、精通などの変化を起こす。女性ホルモンは卵巣で作られ、月経などの変化を起こす。実は男子も女性ホルモンを作るし女子も男性ホルモンを作るんだよ。どこでだろう？　副腎に帽子みたいにのっている副腎皮質で作られているんだ。

LGBTって何のこと…

よくわかんなくて

6年生のほとんどが知りませんでした

マジ心配なんっすけど

Q.　生理が始まると背が伸びなくなるっていうけど本当？

A　女の子には身長の伸びが3段階ある。1段目、3歳までに栄養を元にすくすく伸びる。2段目、4歳から思春期までは成長ホルモンでグングン伸びる。3段目、思春期の後は女性ホルモンでじわじわ伸びる。生理が始まると伸びなくなるのではなく、グングン急激に伸びた後に初経を迎える人が多いんだ。初経後の身長の伸びは平均6cm。個人差が大きいので0の人も10cm以上伸びる人もいるよ。

（右欄・一部切れ）
そんなのは制服も違うな男女差なとして、自分も出てくるそんなないという提…

Q
かんない

A
と思えると思えな言われてある。もいことでり困ったちから相ておいて

○あ…
　つい
○笑い
　け
○信…
　健…

2018.3月 卒業前の キミタチへ号

6年生になりきった先生方が⊛の所に悩み相談にきました。

今まで名前順も昔の順も男女に関係なくやってきた小学校...に中学生になると男女...うし、発達により様...ら「性別」にゆらぐ人...るかも知れません。キミタチへ 6年生チームによる『悩み相談室』授業をプレゼントしました。

このごろTVでよく『LGBT』って見るけどよくわ...いよ。

男の子のからだでうまれると「自分は男の子」...る。女の子のからだでうまれると「自分は女の子」...る。実は、そうではない人が20人に1人いると...ているんだ。本によっては13人に1人って書いて...もしも、そう思えてもおかしいことではない。悪...でもない。間違ったことでもない。心配になった...たら相談していいんだよ。もしかしたら、お友だ...相談されるかもしれないね。だから、みんなに知っ...てほしいんだ。

...の人ってオカシイ、自分は変だ。そういう決め...けをしない。
...いのネタにするのはイジメでもありひどく傷つ...ること。
...頼できる人に相談していい。小学校の中なら保...室にきてね。

Q 声変わりってのどで何が起きているの？

A 男の子ののどは思春期が始まると1年で2倍の大きさになると言われているの。1年で身長が2倍になったら？ 足の大きさが2倍になったら？ ありえないよね。のどでものすごいことが急激に起きているから、のどの使い方に慣れなくて声がかすれたり裏返ったりするんだよ。

Q 精子とオシッコの通り道が一緒ってどうなんだろう…。まざったりしないのかなあ。

A それがね、人間のからだってよくできていて、どちらかが出るときは残りのほうの出口がしまるようになっているんだ。

Q 生理中って1週間も血が出ているんでしょ。血が足りなくならないか心配なの。

A 個人差が大きいんだけれどそれはその人にあった量なんだ。平均すると82g。大さじ1杯が15gだから5杯とちょっとだね。思ったより多くないでしょ。

Q このごろ毛深くなってきて…。剃ると濃くなるっていうのは本当ですか？

A 女の子にも男性ホルモンが作られるんだ。男性ホルモンのはたらきも活発になって毛深くなることもあるんだ。剃っても毛は濃くならない、自然の毛は先が細く長さもまちまちなのに剃ったあとは太さも長さも揃っているから濃く見えるんだ。

Q 生理痛の薬って小学生が飲んでもいいの？

A 痛みを我慢する必要はないんだよ。「痛みが来たぞ」と感じたら早めに飲んだほうが少ない量で痛みがコントロールできるからいいんだ。小学生の飲める鎮痛剤は限られているから薬局で相談するといいよ。

先生が仲良しの女性薬剤師さんが相談にのってくれるから、いつでも言ってね。

あの～…

そうなんだ！聞いておいてよかった！！と思ったのは　いくつでも ○をつけてね！と記入してもらいました.

総合順位	悩み項目	男子の順位	女子の順位
1位	⑩LGBTってなんだろう	2位	4位
2位	③声がわり、のどで何がおきている？	1位	8位
2位	⑥生理が始まると身長がのびなくなるってホント？	9位	1位
2位	⑧毛深いのが気になるけどそるとこくなる？	5位	2位
5位	⑦生理痛の薬、小学生が飲んでもいいの？	5位	3位
6位	⑨ホルモンて何？男性ホルモン、女性ホルモン	4位	5位
7位	① 精子を出さないとパンクしちゃう？	3位	9位
8位	⑤1週間も出血して血が足りなくならないの？	9位	6位
9位	④胸にシコリが…少しふくらんだような…	5位	7位
10位	② 精子とオシッコまざらないの？	5位	9位

ここについても そって記入して順位をつけました

知ることができて良かった!! も 不思議だな〜も 両方1位がこれでした

LGBTってなんだろう

『LGBT』って初めて知った 意味がわかってよかった

LGBTの人を傷つけるようなことをしてはいけない

この感想がとても多かったです。専門書などの調査によると 20人に1人 13人に1人 と言われています。

自分のためにも 女子の大変な よくわかっ

女の子のことが いろいろわかった

女子と男子の違い わかった

80人の6年生の中で 本格的な思春期を迎える中学生になってから、何人かの人が自分の体と心の性別や、好きだなと思える相手の性別で ゆらぎ がおきるかも知れません。また.親しい友人から 男らぎを相談されるかも知れません.中学校まで 追いかけて行って、みんなの様子をみたり声を掛けたりできないので（みんなが 小学校に相談に来るのは OKだよ!!）卒業前の この時期に この『悩み相談室』の 授業をしました.初声中の養護教諭の三枝先生とは.いつも いろんな ことを情報交換しています.この授業をしてからみんなを送り出したことも ちゃんと伝えます.だから 困ったら悩んだら中学の保健室へも 安心して行って下さいね♡

上の表の順位を見て ずい分気になるボーんだな.ってこれからわかるっていうのは 性別とかっていうこ 相手を理解して言 になっていくと思っ

初声中学校の三枝です。今日卒業式で3年生を送りだしました。4月に会える新しい顔がどんどん大きくなるのを楽しみにしています。4月にみつえだ先生!!と呼んでおどろかしてください。

とっても優しいよ

初声三枝 お願いして書い

ほんとつの☆アイドル

中学校養護教諭からのコメント入り　これで安心して中学に行ける、相談できる

不思議だなあ、と思ったのは　いつでも ○をつけてね！と記入してもらいました

○のついた数の多い順に　頁27… 子を

総合順位	悩み項目	男子の順位	女子の順位
1位	⑩LGBTってなんだろう	3位	1位
2位	④ 胸にシコリが…少しふくらんだような…	1位	2位
3位	⑤ 1週間も出血して血が足りなくならないの？	7位	3位
3位	⑨ホルモンて何？男性ホルモン、女性ホルモン	7位	3位
5位	① 精子を出さないとパンクしちゃう？	3位	5位
5位	② 精子とオシッコまざらないの？	2位	5位
7位	③ 声がわり、のどで何がおきている？	5位	7位
7位	⑦生理痛の薬、小学生が飲んでもいいの？	7位	7位
7位	⑧毛深いのが気になるけどそるとこくなる？	7位	7位
10位	⑥生理が始まると身長がのびなくなるってホント？	7位	10位

人権教育として保健師といっしょに

たかしま さちこ
高嶋 幸子
都立高等学校　養護教諭

この20年で大きく様変わり

都立高校では、20年ほど前（1998年頃）から多様な性について当事者の方を学習会の講師にお招きしたり、自主的に学びを深めたりしていました。トランスジェンダーの生徒が学校に対して声を上げ始めていたのです。制服やトイレ、更衣室、宿泊行事での部屋割り、他の生徒へのカミングアウトはどうするかなどについて、よく話し合い、本人や保護者が望むあり方で受け入れ、配慮してきました。

テレビドラマ「3年B組金八先生」（TBS系）で、性同一性障害の生徒が登場したのが2001年でした。

当時はLGBTのことを「セクシャルマイノリティ（性的少数者）」と呼んでいました。養護教員以外にも、定時制の教員や人権教育に熱心な教員が自主的に学んでいました。ちょうど「ジェンダーフリー教育」がすすめられていた頃です。社会でも「セクシュアルハラスメント」について取りざたされ、振り返ると、人々のジェンダーや性に対する人権意識が向上していく時期だったと思います。

私自身は、その頃に勤務していた定時制高校の近隣で起きた男性同性愛者への暴力事件をきっかけに、セクシャルマイノリティについて学び始めました。

当時の、世間はおろか教員の無理解さを思い返すと、現在のLGBTへの理解の深まりと、行政も動かすパワーには、驚きを隠せません。

かつては、ゲイの方を「ホモ」と呼び、笑いものにするテレビ番組が当たり前に放映され、文化祭の教員劇でも男性の女装や男性同性愛者の役で笑いをとる……こんな低俗な状態でしたが、今はどうでしょう。

トランスジェンダーや同性愛者であることをカミングアウトし、教員や議員など公の職業についている方や、またスポーツ選手もたくさんいます。法律の改正により戸籍の性別の変更も可能となり、同性婚を認める行政も出てきました。先日にはゲイの方を笑いものにするお笑い番組が再放送されると、SNSで放送局に対する非難が集中することもありました。

私は、10年くらい前から教育実習生（国語や英語などの教科教諭）に対して学校保健の講話をする際、セクシャルマイノリティ（LGBT）について知っているか質問していたのですが、キョトンとしている学生ばかりでした。しかしここ2、3年、2015年くらいから、「知っています」と答える学生が増えました。

わずか15年ほどでここまで世の中が変わるとは、思ってもみませんでした。隔世の感があります。

政府がLGBTの方の自殺防止のために動き出したことも追い風*ですが、その源は、当事者と賛同者、市民の力にほかなりません。当事者たちが声を上げ、理解者、支援者がじわじわと増え、ドラマやテレビなどメディアでも取り上げられるようになり、ついに自治体や社会を動かすまでになったのです。

この力には希望をもらえます。

*平成24（2012）年閣議決定された「自殺総合対策大綱」。「自殺念慮の割合等が高いことが指摘されている性的マイノリティについて、無理解や偏見等がその背景にある社会的要因の一つであると捉えて、教職員の理解を促進する。」とされた。

今後は、LGBTの生徒への適切な対応が求められる

今後学校は、LGBTの生徒への適切な対応が求められることが増えていくでしょう。

具体的には、平成27（2015）年4月文部科学省通知「性同一性障害に係る児童生徒に対するきめ細かな対応の実施等について」、平成28年4月文部科学省発行パンフレット「性同一性障害や性的指向・性自認に係る、児童生徒に対するきめ細かな対応等の実施について（教職員向け）」に詳しく載っています。

更衣室や宿泊行事など特別な対応が必要になるのはトランスジェンダーの場合がほとんどで、同性愛者や両性愛者については顕在化しにくいですが、生徒側から特にアクションがなくても、学校や教員はLGBTの生徒が常に存在することを意識し、人権が尊重されるよう心がけていく必要があると思います。

私自身は、これまでの勤務校で「LGBTの生徒から申し出があって学校全体で対応」という経験はありませんが、LGBTの生徒が保健室にいつ相談してきても受け入れられるよう、またLGBTについて偏見のない社会になることを願って、自ら学び続けました。保健室には、さりげなく、多様な性に関する本を置き、生徒との雑談のなかでLGBTの話題にふれた時には「いろいろな人がいて、それでいいんだよ」というメッセージを伝えていました。

LGBTの方の人権が損なわれる場面では、看過せずに注意してきました。

体育祭や文化祭など、高校の行事では男子生徒が女装をして笑いをとることがありがちですが、安易に行なわれないよう、行事担当の分掌にはたらきかけたり、学級担任にていねいに説明したりしました。

そういうささやかな行動でも、同じ思いを持って行動する人が増えていくことで、確実に世の中が変わっていくのだと実感しています。

　以前は、当事者の方は情報不足で孤独な状態に置かれ、LGBTの間に序列や差別があり、摩擦が起きることもあって苦しい状況だったそうですが、今ではかなり改善されました。当事者が実名でメディアに登場し、本を出版するようにもなりました。子どもたち向けのわかりやすい情報や本もたくさん出ています。
　LGBTについての正しい理解が進み、当事者の方が自分らしく輝ける社会となるよう願っています。

実 践 内 容

　現在の勤務校では、毎年12月、世界エイズデー・東京都エイズ予防月間に、エイズについてのとりくみを行なっています。この時、1年生を対象に、外部講師（保健所の保健師）と協力して行なう2時間の学習があり、その際、養護教諭も15〜20分ほど指導します。昨年までは男女交際における性行為について、「男女の意識の差」がテーマでしたが、今回は「LGBT」をとりあげました。
　授業では、保健師の講義、水実験（性感染症の広がり方を実験）、エイズに関する動画視聴、事前アンケート結果解説とLGBTについての講義を行ないました（**37ページからの資料1、2、3参照**）。本項では、LGBTの部分についてのみ紹介します。

1. LGBTをとりあげた理由

・エイズ予防教育の際、HIV感染経路や感染者数はグラフ等資料にも「男性同性愛者」と示されており、その存在にまったく触れないのは難しい。動画教材にも当事者が登場する。男性同性愛者への偏見や差別をなくし、理解する必要があった。
・男性同性愛者を揶揄する生徒がいたため、教育の必要があった。
・家庭科でもLGBTについて学んでおり、定期考査でLGBTについての出題もあったため、学習が定着しているか確認する機会にもなった。

　LGBTについて、社会では理解が劇的に進んできたとはいえ、「思春期」は揺れる時期。自分は何者か、どう生きるべきか——悩みも多く自分と向き合うしんどい時期には、性の多様性を受け入れられない生徒もまだまだいるようです。
　保健所での検診に引率した際、ゲイの方向けのエイズについてのリーフレットを見て、クスクス笑ったり、クラスメートを小突いたりしている生徒がいました。その様子から、私はLGBTについての指導の必要性を感じたのです。以前なら周囲からかなり抵抗を示されたと思いますが、今なら時勢をとらえており、追い風でした。

2. 事前指導

　生徒事前アンケートで、生徒がLGBTについての理解度（知っていること）を確認。

　「LGBTについて知っていますか」という質問に対し、半分以上の生徒が「いいえ」と回答した。正しく理解していた生徒は3割程度であった。

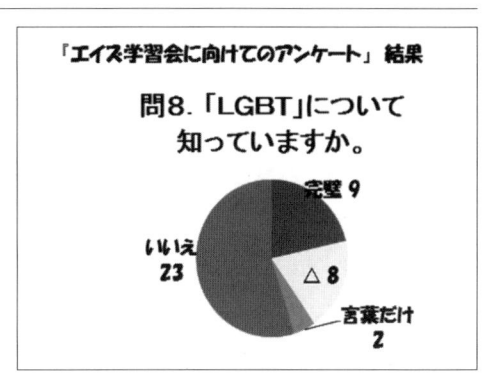

3. 当日の指導

　講義形式で、パワーポイントを用いて説明（スライド14枚）。LGBTについての中高生向け書籍紹介。最後に、「今日の振り返り・感想シート」に○×クイズ、感想を記入。

【ねらい】

・LGBTの言葉の意味を理解させる。

・自分の身近にも実際に存在することを知る。

・偏見と差別をなくし、人権を守る必要があることを理解させる。

```
LGBTについて

『20人に1人・5%』とは
○高の生徒：124人      ⇒   6人
○高の先生：40人       ⇒   2人
○○町の人口：7,600人  ⇒  380人
東京都の人口：1,200万人 ⇒  60万人
日本の人口：1億2,000万人⇒600万人
世界の人口：70億人    ⇒  3.5億人
```

　LGBTの人の割合は5％程度と言われています。2015年調査では7.6%でした。

　「20人に1人・5％」という数字を実感させるため、学校全体の生徒数、教員数、地域の人口を例にあげました。

4. 生徒の感想から

・「こわい」「性についてはよくわからない」旨の感想もあったが、LGBT当事者が身近にいることを実感できた感想がほとんどだった。

・LGBT＝エイズと誤解されることも懸念されたが、誤解した感想はなく、正しく理解させることができた。

・「人権尊重が大事だと思った」等、生徒の人権尊重の意識を高めることができた。

なかでも「自分はそんなつもりはなくても、相手を傷つけていることがあったかもしれないから気をつけようと思った」という旨の男子生徒の思いやりある感想には、心を打たれました。

【生徒の感想】(主にLGBTに関するものを抜粋)
・色々な人がいるのだということがわかった。
・今まであいまいになっていた内容や、知らないことをたくさん学ぶことができたので良かったです。今後に生かしていければ良いなと思います。
・まだよくわからないようでした。
・自分は今まで、あまりよく知らなくて、別に偏見を持ったりはしてなかったけど無神経な発言などはしていたかもしれないので気をつけたいと思いました。
・今まで、そこまで考えたこともなく、かなり人ごとだったのですが、今日話をきいて、様々な人がいるということや、病気があることを頭の中に入れておきます。
・保健の授業などで、習ったことはあるけど、忘れていたことを思い出せたし、知らなかったことも新しく知れたので良かったです。
・保健や家庭科で習ったことを細かく学べてよかった。
・今日の保健のテストの復習のような感じになり、とても頭に入りました。LGBTについても、もしかしたらこの中にもいるかもしれないので、しっかり考えようと思った。
・性感染症は大変だと思いました。今日の学習会でLGBTもひとごとじゃないと思いました。大人になったら、きをつけたいと思いました。
・悩みを持っていて、誰にも話せずにいる人がいるかもしれない事実を心に置いてたくさんの人と関わっていきたいと思いました。
・知らないことを知ることができた。性行為とか、LGBTについて、人それぞれ思っていることがあって、いろいろ学ぶことができた。
・人権尊重が重要だとわかった。正しい知識を身につけたい。
・エイズやLGBTについて考えを改めることができた。
・保健でやっていて、分かると思ったが、分からないこともけっこうあり驚いた。
・今まで身近な感じでなかった物が、こんなにも近い物なのだと思った。

5. 事後措置

　学習会の模様を「ほけんだより」に掲載し、全学年に配布（**40ページの資料4参照**）。

【参考文献】
・『LGBT　なんでも聞いてみよう　中・高生が知りたいホントのところ』QWRC（くおーく）＆徳永桂子　子どもの未来社　2016年
・『セクシュアルマイノリティってなに？』監修：日高庸晴　絵：中山成子　少年写真新聞社　2017年

資料1　エイズ予防月間の取り組みについて

エイズ予防月間の取り組みについて

1　ねらいと内容

世界エイズデー・東京都エイズ予防月間に合わせ、エイズ予防啓発活動の一環として、次のとりくみを行う。

（1）1学年対象　エイズ学習会

（2）生徒保健委員会による①「エイズメッセージツリー」作成　②「レッドリボン配布」

2　詳細

（1）1学年対象　エイズ学習会

日時：　12月11日（月）3・4時限目　（2学期末考査最終日）

場所：　会議室

目的：　①　エイズを身近な問題としてとらえ、命の大切さ、エイズの予防とともに、感染者に対する偏見や差別をなくす。

　　　　②　性感染症等の予防知識を理解させ、自分や他者を尊重し相手を思いやる　心や態度を養う。

講師：　○○保健所○○出張所　保健師（2名）

（2）生徒保健委員会による①「エイズメッセージツリー」作成　②「レッドリボン配布」

　①エイズメッセージツリー：エイズについてのメッセージカードを保健委員が作成し飾り付ける。
　園芸科より植物を借りてツリーを作成、設置。

　設置場所：定時制給食室入口横の土間スペース（予定）

　日　　程：

11月14日（火）・21日（火）	委員会　準備、作成
11月28日（火）	委員会　飾り付け、設置
12月01日（木）	朝礼にて、保健委員長がメッセージツリー・レッドリボンの趣旨説明〔保健委員長：　3C　○○○○〕
12月21日（木）	放課後　片付け

　　　　　設置期間中、保健委員がツリー植物への水やりを行う。

　②「レッドリボン」：エイズの方への理解と支援の象徴として、賛同する生徒・教職員に胸につけてもらう。保健委員が作成したものを配布予定。

エイズ学習会　内容詳細

1　日　時：　12 月 11 日（月）3・4 時限目　（10 時 50 分〜12 時 20 分）

　　　　　　※多少前後する可能性あり　（2 学期末考査最終日）

2　場　所：　会議室（席順　1 学年と確認）

3　対　象：　1 学年全員

4　講　師：　〇〇保健所〇〇出張所　保健師（2 名）

5　係分担：　・保健所との連絡、当日司会、指導〔高　嶋〕

　　　　　　・機器設置（マイク、プロジェクター）〔　　　〕（保健庶務部）

　　　　　　・記録（動画、写真）〔　　　〕（保健庶務部）

6　目　的：　①　エイズを身近な問題としてとらえ、命の大切さ、エイズの予防について学び、感染者に対する偏見や差別をなくす。

　　　　　　②　性感染症等の予防知識を理解させ、自分や他者を尊重し相手を思いやる心や態度を養う。

　　　　　　③　LGBT について知り、理解を深める。

7　内　容：

時間	内　容	備考・用意する物
10:50	**あいさつ、講師紹介　司会：高嶋**	マイク
10:55	**保健師講義（20 分）パワーポイント** （性感染症、エイズについて） 質疑応答	プロジェクター
11:10	**水実験（10 分弱）　説明：高嶋** ①コップに水道水を半分弱注いでおく。3 つは水酸化 Na 水溶液にし、どれかわからないようにしておく。 ②机を前に寄せさせる。 ③コップを生徒に一つずつ持たせ、自由に歩き、目の合った人とあいさつをし、コップの水を片方に全部入れ、その後同量に分ける。 ④これを 3 回おこなう。3 回おこなった者はその場に立ち止まる。 ⑤全員終わったら、フェノールフタレイン 2、3 滴を全員のコップに入れ、反応を見る。	・透明コップ 41 個＋α ・化学室より水酸化Na水溶液、フェノールフタレインを借りる ・ぞうきん ※水酸化 Na 水溶液を誤って飲まないよう注意
11:20	**ビデオ視聴（15 分）「リアルに知るＨＩＶ・エイズ」サポート編**	保健所で用意
11:40	**休憩（10 分）**	
11:50	**事前アンケート結果・LGBT について（20 分）** 高嶋　パワーポイント	
12:10	**質疑応答**	
12:15	**『今日の振り返り・感想シート』記入（〇×クイズ）**	
12:20	**終了予定**	

エイズ学習会に向けてのアンケート

　12月11日（月）に〇〇保健所〇〇出張所から保健師の方を講師にお迎えして、エイズ学習会を行います。それに先立って、性とエイズに関するアンケートを行いますのでご協力お願いします。

　個人を特定することはありません。また、テストではありませんので、点数をつけることもありません。安心してください。周囲の人と答え合わせはせず、回答してください。

　集計の内容は講演会の時にお知らせします。

以下の問1～8までの質問項目の該当する番号に〇をつけてください。問9・10は、（　）に記入してください。

問1．HIV感染とエイズについての違いをはっきり説明できますか？
　　　　1．はい　　　2．いいえ

問2．どうやってHIVに感染するか知っていますか？
　　　　1．はい　　　　2．いいえ

問3．どうすれば予防できるか知っていますか？
　　　　1．はい　　　　2．いいえ.

問4．HIV感染・エイズの相談と検査を保健所で受けられることは知っていますか？
　　　　1．はい　　　2．いいえ

問5．自分の悩み事（学校のこと、友人関係、恋愛など）は誰に相談しますか？（複数回答可）
　　　1．友人　　　2．父　　　3．母　　　4．兄弟姉妹　　　5．先生
　　　6．スクールカウンセラー　　　7．ネットの中の人　　　8．相談はしない
　　　9．その他　（　　　　　　　　　　　　　　）

問6．自分の性に関する悩み事は誰に相談しますか？（複数回答可）
　　　1．友人　　　2．父　　　3．母　　　4．兄弟姉妹　　　5．先生
　　　6．スクールカウンセラー　　　7．ネットの中の人　　　8．相談はしない
　　　9．その他　（　　　　　　　　　　　　　　）

問7．高校生の性行為について、どう思いますか？（複数回答可）
　　　1．絶対に避けるべき　　2．愛情があればよい　　3．お互いに納得していればよい
　　　4．相手が強く希望していればしょうがない　　　5．避妊していればよい
　　　6．性感染症を予防していればよい　　　　　　7．わからない
　　　8．その他　（　　　　　　　　　　　　　　　　　　　　　　　　　　　　　　）

問8．「ＬＧＢＴ」について知っていますか。　　1．はい　　2．いいえ

問9．「ＬＧＢＴ」について　知っていることを記入してください。
　　　L（　　　　　　　　　　　　　）　G（　　　　　　　　　　　　）
　　　B（　　　　　　　　　　　　　）　T（　　　　　　　　　　　　）

問10．エイズや性感染症、あるいは性に関することについて質問があれば自由に記入してください。

ほけんだより

平成29年12月25日
東京都立○○高等学校
保　健　室

忙しい2学期、みなさんよくがんばっていましたね。冬休みは
ぜひゆっくり過ごして、リフレッシュしてください。

インフルエンザ　19人

12月、1・2年生を中心に突然広がりました。流行しても、元気な人
はかからないか軽症ですみます。体調を整えて、予防につとめましょう。

予防のために大事なこと
～免疫力を落とさないことが一番です～

○　うがい　→普段から「のど」をきたえておきましょう。はみがきで口の中をきれ
　　　　　　　いにしているとインフルエンザ予防にもなるそうです。

○　手洗い　→感染症を防ぐ基本です。せっけんをよく泡立てて洗いましょう。

○　睡　眠　→寝不足だと免疫力が落ちてしまいます。

○　栄　養　→バランスの良い食事をとりましょう。
　　　　　　　食欲がない時は、無理に食べないようにしましょう。

旬の野菜、だいこん、ごぼう、にんじん、しょうがなど
の根菜類は体を温めます。アイスクリームや、砂糖のた
くさん入った炭酸飲料やお菓子は体を冷やすので避けま
しょう。

○　体を冷やさないようにしましょう。「冷え」は免疫力が落ちます。
　　下半身、特に足元を温かくしましょう！「頭寒足熱」です。靴下の重ね履きもおすすめ。
　　関節を温めることも効果的です（首、手首、腰、ひざ、足首など）。

○　部屋は換気し、湿度を保ちましょう。（湿度50％以上が望ましい）

○　人ごみを避けましょう。（流行期は、病院でもいろいろな型のインフルエンザを
　　もらってきてしまうこともあるそうです）

～インフルエンザにかかったら、ゆっくり休みましょう～

インフルエンザと診断されたら学校は『出席停止』となり「欠席」にはなりません。
疑わしい症状が出たら必ず病院でみてもらいましょう。
　→（寒気、38度以上の発熱、頭痛、関節の痛みなど）

～ほかの人へうつさない気配りも「咳エチケット」～

咳、くしゃみが出る時は、マスクを。ティッシュはふたつきのごみ箱に捨て、手を
洗いましょう。

**その他の
感染症情報：**　　みずぼうそう・感染性胃腸炎も○○小中学校で出ています。

エイズ学習会

○○○保健所○○出張所より、保健師の○○○○先生・○○○○先生をお招きして１学年対象に授業をしていただきました。「エイズ・性感染症」「ＬＧＢＴ」について理解を深めることができました。

生徒の感想より

☆ うかつに性行為をしない人が増え、日本内でのエイズが無くなればいいなと思います。

☆ 自分は今まであまりよく知らなくて、別に偏見を持ったりはしてなかったけど無神経な発言などはしていたかもしれないので気をつけたいと思いました。

☆ 人権尊重が重要だとわかった。正しい知識を身につけたい。

☆ エイズについて、名前は知っていたけれど詳しいことは知りませんでした。今回、話を聞いたり、実験をしたり、ＤＶＤを見たりして知ることができて良かったです。

☆ 将来身近な人がかかっていても差別や偏見をもたないようにしたい。

☆ 高校生になり、リアルに考えていく必要があったので学習会を受けて良かったです。今の自分たちには何ができるのかを学べたので知識を広めていこうと思いました。

☆ ＬＧＢＴについても、もしかしたらこの中にもいるかもしれないので、しっかり考えようと思った。

○×クイズ　2・3年生も、覚えているかな！？またチャレンジしてみよう！

質　　　　問	○×
1. 性行為により感染する病気のことをまとめて「性感染症」という。	
2. 性感染症にかかったら、自分の治療だけすれば問題ない。	
3. 性感染症には一度かかると免疫がついて、２度とかからない。	
4. HIVに感染するとすぐに命にかかわる病気になってしまう。	
5. HIVに感染している人は、症状がなければ人に感染させることはない。	
6. HIVに感染している人が調理した料理を食べました。感染する？	
7. HIVに感染している人と握手しました。感染する？	
8. HIVに感染している人と同じお風呂に入りました。感染する？	
9. 今日、HIVに感染したかもしれない！明日検査を受けた方がいい？	
10. 性感染症にかかっていても、HIVに感染しやすいかどうかは関係ない。	
11. コンドームの使用は性感染症の予防に有効だ。	
12. 今まで一人としかセックスしたことない人は、性感染症の心配はない。	

全問正解者は、４１人中１５人でした。

解説：不正解の多かった問題から

１→性行為により感染する病気は「性感染症」といいます。

３→性感染症は、免疫はつきません。予防しないと何度もかかります。

５→HIVは、感染している人に症状が出ていなくても、他の人に感染します。

８→HIVは、お風呂では感染しません。性行為、母子間（妊娠、出産、母乳）、血液（注射器や入れ墨など）によりHIVが粘膜に入ることで感染します。

９→６０～９０日以上たってからでないと正確な結果が出ません。

１０→性感染症にかかると、粘膜に炎症が起こってさらにHIVに感染しやすくなります。

１２→その一人がほかの人と性行為があったら、性感染症の可能性はゼロではありません。

正解：1と11だけ○　あとは×

性の多様性と学校教育
──子どもの性的権利の視点から──

内海﨑 貴子（うちみざき たかこ）

川村学園女子大学教育学部 教授

はじめに

　2018年5月、「教える側から変える─『LGBT学』説くゲイの講師」という新聞記事が掲載された。記事によると、今年の4月、広島修道大学において、ゲイの当事者で、同大非常勤講師の眞野豊さんが担当する「LGBT差別と教育をめぐる社会学」という科目が開設された。眞野さんは、「広島県と福岡県の公立中学校で6年間、ゲイであることをカミングアウトして教壇に立った。当事者の生徒たちは『あの頃』の自分と同様に、奇異の目で見られ、生きづらさを抱えていた。差別をなくすには、『教員を志す若者に、性の多様性について学んでもらう必要があると痛感した』。…実際に何人が教職をめざすかは分からない。それでも『教える側の意識改革に踏み出した』」（毎日新聞5月13日）という。

　近年、学校教育現場では、性同一性障害を含めセクシュアル・マイノリティ（性的マイノリティ、性的少数者、Sexual Minority）の児童生徒への対応が求められるようになった。2015年には、文部科学省が「性同一性障害に係る児童生徒に対するきめ細かな対応の実施等について」を全国の学校に通知しており、2016年には、教職員向けに対応のためのリーフレット『性同一性障害や性的指向・性自認に係る、児童生徒に対するきめ細やかな対応等の実施について』を発行している。

　また、自治体や教育委員会での取り組みも広がってきている。たとえば、私も関わった文京区の『性自認および性的指向に関する対応指針〜文京区職員・教職員のために〜』（2017年）では、学校教育を中心に「子どもを取り巻く環境」という項目を設け、幼稚園／保育所・学校内体制の構築、保育士・教職員の理解のための研修等の実施、教室における配慮等について対応指針を示している。神奈川県教育委員会は、高等学校や中等教育学校後期課程の特別活動や教科活動のなかで、人権教育に取り組む際に活用するために、『人権学習ワークシート集Ⅳ─人権教育実践事例・指導の手引（高校編第15集）大切にわたしとあなたの心の笑顔』（2016年）を作成し、「LGBTってなんだろう？」というテーマの生徒用ワークとワークの進め方、教師用の解説を掲載している（pp.78-85）。

　さらに、教育現場で活用できる資料や教材の開発、授業・研修に取り組む団体も増えてきている。奈良県教職員組合は、ダウンロードすれば誰でも活用できる資料として、『教職員のためのセクシュアル・マイノリティサポートブック（Ver.4）』（2018年）をHP上で公開している（http://jtu-nara.com/book.html）。これは、「性別・性自認・性的指向・性別表現にかかわらず、すべての子どもたちの教育機会と、情報を知る権利、自分らしい表現、それぞれの自己決定が保障され、尊厳が守られること」を願って作成された教師用支援書

であり、性の考え方、用語解説、学校での支援のあり方、参考資料等がまとめられている。

特定非営利活動法人ReBitは、道徳の授業で活用できる中学生向け映像教材「多様な性ってなんだろう？」を作成している。この教材には、DVDとともに「道徳学習指導案」「指導の手引き」「ワークシート」「先生用ハンドブック」「生徒用アンケート」レインボーカラーのシールなどが添付されており、中学校「道徳科」の授業で使用することができる。私は、大学の教職課程科目「道徳教育の指導

法」や「道徳教育の理論と方法」で、道徳教育における現代的課題や人権教育の実践例として、この学習ユニットを紹介している。

しかしながら、前述の新聞記事からもわかるとおり、学校教育現場でのセクシュアル・マイノリティに対する取り組みは十分ではない。そこで、本稿では、セクシュアル・マイノリティを含め「性の多様性」について学校教育との関わりから整理し、子どもの性的権利保障としての人権教育・道徳教育について述べていきたい。

1. ある事例から

まず、以下の【シート1】と【シート2】を比較してほしい。

これらのシートは、Aさんの成長過程を記述したものである。2つのシートを比較すると、外側（周囲）とAさん自身との記述には相違があることに気づくだろう。

次の【シート3】は、この事例をAさんの思いを中心に学校種ごとに整理したものである。性自認が定着する幼児期に、Aさんは排泄の仕方で男児と違うことに気づく。小学校では自分の友達は男児であり、好きな服装はズボンであり、それはAさんにとって自然なことであった。中学校では、制服に違和感を覚え、プールや宿泊学習など学校生活全体に入っていけなくなる。この間、不登校気味になり、自殺を考えるようになった。高校では、友人との交流は表面的な関係にとどめ、自分

【シート1】

ある事例－外側からの記述－

Aさんは32歳。3人兄妹の長女として生まれ、幼稚園の頃から元気で活発。小学校ではスカートを一度もはいたことがなく、男児と遊ぶことが多かった。

中学入学後、たびたび注意されたにもかかわらず、一度も制服を着用せず、ジャージで登校。宿泊を伴う行事、プール学習、健康診断も、すべて欠席。教員から問題児といわれた。制服のない高校に入学後、親の希望で女子短大に進学。4年制大学編入し、ジェンダー論の授業で出会った教員に指導を受け、大学院に進む。現在、博士課程に在学中。得意の語学を生かし、アルバイトをしながら研究を続けている。生活が安定していないためか、最近、元気がでない。

1

【シート2】

ある事例－Aさんの記述－

私は32歳。3人兄妹の長女として生まれ、幼稚園の時、なぜおしっこを立ってできないのか、不思議だった。小学校では自分の好きな服装で、友達と遊んだり、けんかしたり・・・。

中学入学後、制服のスカートをはくことが嫌で、ジャージで登校。宿泊を伴う行事、プール学習、健康診断には、耐えられなかったので欠席。先生からたびたび注意された。中には、理由を聞いてくる先生もいたが・・・。先生に説明してもどうにもならないと思っていた。

制服のない高校に入学したが、共学の大学受験に失敗。親が、「女の子の浪人はダメ」というので、仕方がなく短大に進学。大学編入後、ジェンダー論の授業で、自分がトランス・ジェンダーであることに確信を持つ。医学的処置を重ね、現在は、身体及び外見は男性型に近く、性自認は男女のどちらでもなく、性的指向は性別は問わない。研究継続のため、アルバイト生活。最近、パートナーと別れた。今、どのように生きていけばいいのか、迷っている。将来が不安。

2

【シート3】

ある事例の比較
－Aさんの思いを学校種ごとに整理－

- 幼稚園⇒男の子とも女の子とも違う私
- 小学校⇒友達は男児　好きな服装はズボン
- 中学校⇒制服・学校生活は嫌なことばかり
- 高校⇒友達・居場所は要らない
- 短大⇒孤立感　男の子っぽいところに人気
- 大学⇒自分を見つける　多様な性のあり様に納得・共感
- 大学院⇒友達・居場所を見つける

3

の居場所探しもあきらめる。短大では、女子のみの空間にはなじめず、ほとんど授業に出席しなかったが、男の子っぽいところは結構人気だった。しかし、Aさんの「なんで生きているのだろう」という思いは強く、初めて自殺未遂を起こす。大学編入後も自殺念慮はなくならなかったが、ジェンダー論で性は多様であることを知り、少しずつ自分らしさを取り戻した。現在は、自分の経験を活かすために、大学院で研究を継続したいと考えている。

Aさんの事例は、私が出会った学生の経験を組み合わせたものであるが、LGBT（Lesbian、Gay、Bisexual、Transgender）などの児童生徒が学校でどのような生活を送っているか、その一端を読み取ることができる。「LGBT調査2015」（電通ダイバーシティ・ラボ、2015年）によれば、LGBTは調査対象者の7.6%であり、13人に1人の割合で存在している。つまり、1クラス30〜35人の児童生徒のなかに、LGBTは2〜3人いることになる。LGBTを対象とした「LGBTの学校生活に関する実態調査」（いのちリスペクト。ホワイトリボンキャンペーン　2014年）によれば、「LGBTについての不快な冗談やからかい」を見聞した児童生徒は84%、「いじめや暴力の経験」は全体の68%、Transgenderの男子では82%である。学校教育の場で、LGBTの児童生徒に対する人権侵害が起こっていると思われる。

また、【シート4】「LGBTの児童生徒が直面する困難」を見てみると、LGBTの児童生徒は、学校生活において様々な困難を抱えていることがわかる。彼／彼女たちにとって、学校は安心・安全な学習／生活環境ではないことが推察される。

【シート4】

LGBT等の児童生徒が直面する困難

- **自分を受け入れられない**
  セクシュアル・マイノリティに気づいても‥‥
- **自分を出せない**
  本当の自分を隠し、「ふつう」の人としてふるまう
- **自分の将来をイメージできない**
  「ふつう」の人の将来が自分の将来にはならない？
- **日常生活自体が難しい**
  トイレ、制服、体育の授業など
  ＊『教職員のためのセクシュアル・マイノリティサポートブック』奈良教職員組合　2015年

2. 「性」を考える視点

現在、「性」を考える視点はさまざまであるが、ここでは【シート5】のようにまとめてみる。

【シート5】

「性」を考える視点

【性の三要素】
1. 生物学的性別（Sex）⇒体の性
2. 自分が認識している性別＝性自認（Gender Identity）⇒心の性
3. 性的指向（Sexual Orientation）⇒愛情・恋愛感情や性的欲望の対象がどの性別に向いているか性的な関心の対象

【社会的な性】
社会的文化的性別（Gender）⇒社会的な性役割（Gender Role）、性表現（Gender Expression）、男らしさ・女らしさ、性（別）に基づいた外見・言動

5

体の性は生物学的なオス／メスであり、性器の有無等の身体的特徴によってある程度客観的に判断されるが、後述するように、生物学的な性もさまざまである。性自認は、「私は女／男である／ない」というような、内面的・個人的な性への認識であるが、「わからない」「どちらでもない」「決めたくない」という認識もある。性自認を自分の意思で変えることは困難であるし、医学的治療により変えることもできない。性的指向はセクシュアリティの一部であり、個人によって異なり、容易に変えられるものでもない。

現在、ジェンダーは生物学的性別、性自認、

社会的な性役割・性表現に加え、セクシュアリティ（Sexuality）を含む幅広い概念と考えられている。セクシュアリティは、人間の性にかかわる現象の総体——性行動における心理と欲望、観念と意識、性的指向、慣習と規範など——を指す。ユネスコ（United Nations Educational, Scientific and Cultural Organization）編『国際セクシュアリティ教育ガイダンス』（p.16）では、セクシュアリティについて次のように述べている。

① セクシュアリティは、人間の生涯にわたる基本的な要素であり、それは、身体的、心理的、精神的、社会的、経済的、政治的、文化的な側面を持つ。

② セクシュアリティは、ジェンダーとの関連なしには理解することができない。

③ 多様性は、セクシュアリティの基本である。

また、1999年、第14回世界性科学学会（World Association for Sexology）において採択された「性の権利宣言（Declaration of Sexual Rights）」によれば、「「セクシュアリティとは、人間ひとりひとりの人格に不可欠な要素である。セクシュアリティが充分に発達するため

には、触れ合うことへの欲求、親密さ、情緒的表現、喜び、優しさ、愛など、人間にとって基本的なニーズが満たされる必要がある。セクシュアリティとは、<u>個人と社会構造の相互作用を通して築かれる。</u>セクシュアリティの完全なる発達は、<u>個人の対人間関係の、その社会生活上の幸福に必要不可欠なものである。</u>」（下線は引用者、http://www.worldsexology.org/wp-content/uploads/2014/10/DSR-Japanese.pdf）。下線部は、人間が社会の中で、いろいろな人とつながりながら生きていることを示している。セクシュアリティに関わることも、他者との関係性の中で築かれていく。したがって、セクシュアリティの形成に関わって、学校教育の果たす役割は大きいといえよう。

なお、多様性（ダイバーシティ：Diversity）とは、人種、宗教、性別、ジェンダー、年齢、障害、価値観など、人間（の世界）には幅広く性質の異なるものが存在することをいう。学校教育では、児童生徒それぞれの違いを尊重し、受け入れていくという意味で「多様性の尊重」として用いられることが多い。

3. 性の多様性——LGBT／セクシュアル・マイノリティ／SOGI

まず、「性の多様性」を述べるにあたり、これまで使用してきた「表記」を整理しておきたい。すでに、読者の多くは、LGBTという言葉を知っているだろう。LGBTは、性的指向・性自認が典型と異なる人々のうちで、冒頭で述べたように代表的とされるものの頭文字の並列表記である。また、セクシュアル・マイノリティは、「性の三要素」に関わって典型と異なる人々の総称であり、LGBTは、セクシュアル・マイノリティの一部と考えることができる。そこで、以下の【シート6〜8】ではLGBT等を「性の多様性」という枠

組みでみていくことにする。

性的指向は、その強さや伴う感情も含め、

【シート6】

性の多様性①性的指向

- ●同性愛者（Homosexual）→性的指向が同性に向いている人
- ・女性同性愛者 *（レズビアン・Lesbian）* 女→女
- ・男性同性愛者 *（ゲイ・Gay）* 男→男
  - ＊女／男は性自認による
- ●異性愛者（Heterosexual）→性的指向が異性に向いている人
- ●両性愛者 *（バイセクシュアル・Bisexual）* →性的指向が同性にも異性にも向いている人／相手の性別にこだわらない人
- ●アセクシュアル（Asexual）：性愛の対象を持たない、性的欲求そのものがない人

6

一人ひとり異なる。また、同性愛は生物学的な異常でもなく、病気でもない。生物学上、同性愛行動をとる動物には、ボノボやゴリラなど約1500種が確認されている。同性愛については、1990年、世界保健機関（WHO：World Health Organization）が疾病から削除し、治療の対象ではないとした。日本でも、1995年、日本精神神経医学会がWHOの見解を尊重すると表明したことから、同性愛は病気であるという考えは、医学上否定されている。

【シート7】

性の多様性②性自認

●性別越境者（トランスジェンダー・Transgender）→生まれながらの身体の性別とは異なる性別を自認している人（MtF FtM FtX／MtX）
・性別違和（gender-dysphoria）
・トランス・セクシュアル（Transsexual）→性別に違和感をもち、身体を変えることを望む人
・性同一性障害（Gender Identity Disorder）→医学的疾患名
●クエスチョニング（Questioning）→特定の枠に属さない、典型的な男性／女性ではないと感じている人

LGBT（Q）と総称することがある

7

これまで、TVドラマ「3年B組金八先生」で取り上げられたこともあり、トランスジェンダー＝性同一性障害（Gender Identity Disorder：GID）と捉えられることが多かった。しかし、2013年、アメリカ精神医学会『精神障害の診断と統計マニュアル（Diagnostic and Statistical Manual of Mental Disorders：DSM）』の診断基準DSM-5からGIDが削除され、替わって性別違和（gender-dysphoria）が追記されたことから、現在、トランスジェンダーは「性別違和」と訳されている。

性別違和は、MtF（Male to Female、体の性は男、性自認は女）、FtM（Female to Male、体の性は女、性自認は男）FtX／MtX（Female to X／Male to X、体の性は女または男、性自認は分からない、決めたくない）など様々であり、精神疾患ではないとされている。

一方、GIDは医学的診断を下された人を表

わす用語であり、性別違和に含まれると考えられる。なお、「性同一性障害者の性別の取り扱いの特例に関する法律」（性同一性障害者特例法、2003年）により、戸籍上の性別変更が可能になった。

【シート6】【シート7】で説明した性のあり様は、人の内面に関わる視点で捉えられている。これに対して、【シート8】は体の性のあり様を示したものである。インターセックスは、長い間、半陰陽や両性具有といわれていたが、それらの用語は、蔑視的な意味合いから使用が好ましくないとされ、2009年、日本小児内分泌学会が、性分化疾患（DSD）に呼称を統一した。近年では、体の性の発育が異なっている状態（の人）という意味で、DSDsと表記されている。

【シート8】

性の多様性③体の性の様々な発達

●半陰陽／両性具有（インターセックス・Intersex）
→体の性の発達（染色体、生殖腺、あるいは解剖学的な体の発達）が先天的に非定型の状態にある人　当事者の多くは男／女の性別・自認で生活
・性分化疾患（DSD＝Disorders of Sex Development　→　DSDs＝Difference of Sex Development）：卵巣・精巣や性器の発育が非典型である状態
＊ Disorders（疾患）からDifference（違い）へ

8

人の性を捉える枠組みには、LGBT以外に、SOGI（「性的指向」（Sexual Orientation）と「性自認」（Gender Identity））という枠組みがある。【シート9】を見てほしい。

SOGIは人の性の構成要素、属性や特徴を表わす概念であるから、すべての人に適用することができる。これは、「LGBTという人々の問題」から「すべての人々のSOGIに関わる問題」へという視点への転換を意味している。SOGIはすべての人がもっているものであるから、「人」をLGBTである人とLGBTでない人とに分けることで生じる不均衡——ど

ちらか一方が優位又は劣位に置かれたり、一方に利益または不利益が生じたり——を防ぐことができる。

つまり、「LGBT差別をやめましょう、LGBTの人を守りましょう」ではなく、「SOGIにかかわらず、全ての人々は平等であり、差別されません」という視点がSOGIである。したがって、後述するように、人権（教育）との関わりから、SOGIは、道徳教育で「性の多様性」を考える際に有効である。

4. 子どもの人権～子どもの性的権利～

(1) 人　権

人権とは「人が生まれながらに持っている必要不可欠な様々な権利」であり、「人々が生存と自由を確保し、それぞれの幸福を追求する権利」（人権擁護推進審議会答申、1999年）である。また、「人権教育・啓発に関する基本計画」（2002年）では、人権を「人間の尊厳に基づいて各人が持っている固有の権利であり、社会を構成するすべての人々が個人としての生存と自由を確保し社会において幸福な生活を営むために欠かすことのできない権利」と説明している。つまり、人権は人間が幸せに生きるための権利で、人種や民族、性別などを超えてすべての人々に共通の、誰にでも認められた基本的な権利である。人権の内容には、生命や身体の自由の保障、法の下の平等、思想や言論の自由、教育を受ける権利などがあげられる。

人権は、西欧社会の近代化のなかで培われてきた考え方である。とりわけ、第2次世界大戦後、その反省から人権の重要性の国際的な高まりとともに、1948年には国際連合において世界人権宣言が採択されている。世界人権宣言第1条では、「全ての人間は、生まれながらにして自由であり、かつ、尊厳と権利とについて平等である」（All human beings are born free and equal in dignity and rights.）とされ、すべての人間が人間として尊重され、自由であり、平等であり、差別されてはならないことが定められている。以後、この考え方は国際社会の基本的ルールとなっている。

日本国憲法でも、第13条「すべて国民は、個人として尊重される。生命、自由及び幸福追求の対する国民の権利については、公共の福祉に反しない限り、立法その他の国政上で、最大の尊重を必要とする」とあるように、人権に関して世界人権宣言とほとんど同じ内容を定めている。人権は日常生活の基本的ルールでもある。しかしながら、いまだに実際の生活の場面——家庭・地域、職場・学校など——において、人権の考え方が十分尊重されているとはいえない。世界的に見ても、すべての国と地域で人権が尊重されているわけではない。

(2) 子どもの人権と子どもの権利条約

子どもの人権という考え方が生まれたのは、そう古いことではない。1924年、国際連盟によって採択された最初の人権宣言である「子どもの権利に関するジュネーブ宣言」は、

第1次世界大戦で多くの子どもが殺されたという反省に基づき、「人類は子どもに対して最善のものを与える義務を負う」と明記した。そこには、人類の存続と将来の社会の担い手である子どもの生存と発達の確保は必要不可欠であるという人々の思いが反映されていた。しかし、まだ、子どもの権利を人権として把握する発想はなかった。

また、前述した「世界人権宣言」においても、子どもを人権の主体とするという考え方はみられなかった。その後、世界人権宣言にジュネーブ宣言の精神を生かすという目的で、「子どもの権利宣言」（1959年、10条項）が定められた。その20年後、国連は、1979年を国際児童年とし、国連人権委員会のなかに「子どもの権利条約」策定のための作業部会を設置した。この頃から、子どもは、しつけや教えの対象ではなく、おとなと共存し、学び合い、成長し合う「大切なパートナー」（対等な関係）であるという、新しい子ども観がうまれた。

1989年11月20日、子どもの基本的人権を国際的に保障するために定められた「子どもの権利に関する条約」（54条項、以下「子どもの権利条約」と略記）が国連で採択された。5年後の1994年、日本は158番目に同条約を批准した。2017年3月時点で、世界196の国と地域がこの条約を締結している（https://www.unicef.or.jp/about_unicef/about_rig_list.html　2018年5月29日アクセス）。

子どもの権利条約の特徴は、以下の2点である。
①「人権主体としての子ども」：子どもは、大人から管理される対象ではなく、独立した人格を持つ権利の主体であり、大人と同じ人間としての価値を持つ
②「発達する存在としての子ども」：子どもは、心身の発達過程にあることから保護される存在であり、親や大人により支援と援助が必要な存在

この2つの考え方は、それまでの「まだ子どもだから」という子どもの行動制限から、「独立した権利主体」としての子どもの人権保障への転換を意味している。と同時に、子どもは発達する存在であるという保護の観点から、人権保障を求めるものでもある。

子どもの権利条約では、18歳未満のものを子どもと定義しているため、日本の学校制度においては、園児児童生徒すべてが対象となる。また、この条約は、「子どもの最善の利益」「子どもの意見の尊重」「差別の禁止」の一般原則のもと、「生きる権利」「育つ（発達する）権利」「守られる（保護される）権利」「参加する権利」という4つのカテゴリーで構成されている。この条約に関わって、「子どもの売買、子ども買春および子どもポルノグラフィーに関する子どもの権利条約の選択議定書」「武力紛争への子どもの関与に関する子どもの権利条約の選択議定書」「通報制度に関する選択議定書」の3つの選択議定書が策定されている。

また、条約締結国の取り組みについて審査する監視機関として、1991年、国連に設置された「子どもの権利委員会」は、日本政府に対して、女子やマイノリティへの差別禁止と人権教育の推進、子どもの意見の尊重、体罰禁止、高度の競争的な学校環境の改善等（第1回1998年、第2回2004年、第3回2010年）を勧告している。

(3) 子どもの性的権利

子どもの権利条約第34条は、あらゆる形態の子どもの性的搾取と性的虐待からの子どもの保護を求めている。日本弁護士連合会子どもの権利委員会による『子どもの権利ガイドブック』では、「性と子どもの権利」の項目

で「子どもの性の権利の侵害態様」「性被害の被害としての特殊性」「子どもの性を守るための予防」「子どもの性被害に適用される刑事法」「性を侵害された子どもの権利を救済するその他の活動」について解説している。特に、子どもの性被害は人間の尊厳への侵害、性的弱者である子どもへの人権侵害であり、被害が極めて深刻であるから、子どもの性を守るためには、社会の抑制力とともに、性を人権の問題として行なう性教育が必要であり、子どもに対して「学校での適切な性教育が行われることが望ましい。そして、自己の性を守り、性的搾取、性的虐待に拒否ができる力をつけさせることが必要である」と述べている（pp.356-361）。

　一方、2005年、モントリオールで開催された第17回世界性科学学会会議は、「性の健康世界学会モントリオール宣言"ミレニアムにおける性の健康"」において、「『性の健康』の促進は、健全な心身（wellness）と幸福（well-being）の達成や持続可能な開発の実現における中心的課題であり、まさに『ミレニアム開発目標』（MDGs：Millennium Development Goals）における中核的課題である」として、すべての政府、国際機関、民間組織、学術機関等に対して、「性の健康」推進のために実行すべき8項目を掲げた。

　その第1項目は、「すべての人々の『性の権利』を認識し、促進し、保障し、保護する」ことであり、「『性の権利』は基本的人権の不可欠な部分をなすものであり、奪うことのできない普遍的なものである」としている。このことから、「性の権利」は基本的人権であることがわかる。

　また、第4項目では、「セクシュアリティに関する包括的な情報や教育を広く提供する」こと、「『性の健康』を達成するためには、<u>若者を含めたすべての人々が、生涯を通じて</u>」、包括的セクシュアリティ教育や情報にアクセスできるようにすることが求められている（下線部、引用者）。下線部からもわかるように、包括的セクシュアリティ教育は、子どもから高齢者まで、生涯にわたり保障されなければならないのである。

　これまで述べてきたように、子どもの性的権利は基本的人権であり、その権利を保障するためには、子どもが包括的セクシュアリティ教育にアクセスできるようにしなければならない。前述の「性の権利宣言」によれば、包括的セクシュアリティ教育とは、「年齢に適切で、科学的に正しく、文化的能力に相応し、人権、ジェンダー平等、セクシュアリティや快楽に対して肯定的なアプローチをその基礎に置くものでなければならない」とされ、『子どもの権利ガイドブック』にあるように「性を人権の問題として行う性教育」と考えられる。

5. 人権教育と「性の多様性」

　人権教育とは「人権尊重の精神の涵養を目的とする教育活動」（人権教育及び人権啓発の推進に関する法律」（2000年）第2条）であり、『平成29年版人権教育・啓発白書』によると、「生涯学習の視点に立って、幼児期からの発達段階を踏まえ、地域の実情等に応じて、学校教育と社会教育とが相互に連携を図りつつ実施」（法務省・文部科学省　2017年　p.2）されている。

　白書には、人権課題として「女性」「子ども」「高齢者」「障害のある人」など13項目が挙げられ、それぞれの課題に対する取り組みが紹介されている。この課題のなかに「その他の人権課題」として、性自認も含めた「性的指

向に関する人権」と「性同一性障害者の人権」の２つが挙げられている。前者については、「性的指向を理由とする差別的取扱い」を不当なものとし、法務省の人権擁護機関における啓発活動の実施、国家公務員等の研修会における「性的マイノリティと人権」と題した講演会の開催、性的指向に関する嫌がらせ等の人権侵犯事件の調査及び適切な措置を講じるなどの施策が行なわれている。後者については、「社会の中で偏見の目にさらされ、昇進を妨げられたり、学校生活でいじめられたりするなどの差別を受けている」とし、法務省では前者と同様の取り組みが行なわれ、文部科学省（以下、文科省）では学校での適切な教育相談の実施、教職員向けの資料の配布と教育委員会への通知などの施策が行なわれている。

このように、法務省・文科省では人権（教育）の課題として、いわゆる「性的マイノリティ」への偏見・差別をなくすために、さまざまな取り組みを行なっている。これらの取り組みをみると、講演会や研修会の実施、教職員向けの資料の配布など「性的マイノリティ」についての理解をめざす、いわゆる「啓発活動」が中心となっていることがわかる。

人権教育については、文科省が「人権教育の指導方法等のあり方について（第三次とりまとめ）」（2008年、以下「第三次とりまとめ」）を作成し、学校教育における人権教育の改善・充実を図っている。そこでは、人権教育を通じて育てたい資質・能力として知識的側面、価値的・態度的側面、技能的側面を挙げ、特に、学校教育においては人権尊重の理念、す

なわち、「自分の人権のみならず他人の人権についても正しく理解し、その権利の行使に伴う責任を自覚して、人権についても正しく相互に尊重し合うこと」が重視されている。次ページの図1は、学校教育における人権教育の改善・充実の基本的考え方を示したものである。

また、学校における人権教育の目標は、「一人一人の児童生徒がその発達段階に応じ、人権の意義・内容や重要性について理解し、『自分の大切さとともに他の人の大切さを認めること』ができるようになり、それが様々な場面や状況下での具体的な態度や行動に現れるとともに、人権が尊重される社会づくりに向けた行動につながるようにすること」（「第三次とりまとめ」）である。「自分の大切さとともに他の人の大切さを認めること」ができるためには、人権感覚が必要である。人権感覚とは、「自己や他者を尊重しようとする」感覚や意志であり、児童生徒が一人の人間として大切にされているという実感に基づいて形成される。したがって、学校教育では、このような人権感覚の育成をめざすことが重要となる。52ページの図2「第三次とりまとめ」概要を参照してほしい。

なお、2018年1月26日に開催された「学校教育における人権教育調査研究協力者会議」の配布資料「各都道府県・政令指定都市教育委員会が作成する『人権教育指導資料』について」によれば、「性的指向・性自認」をテーマとした資料は都道府県で77、指定都市で16、合計93作成されており、作成数は15のテーマのなかで9番目となっている。

6. 道徳教育——LGBTを教材とした授業実践

（1）道徳科と「性の多様性」

学校教育における人権教育は学校教育全体

を通して行なわれ、その中心的な役割を担っているのが道徳教育／道徳科である。また、

図1　第三次とりまとめ

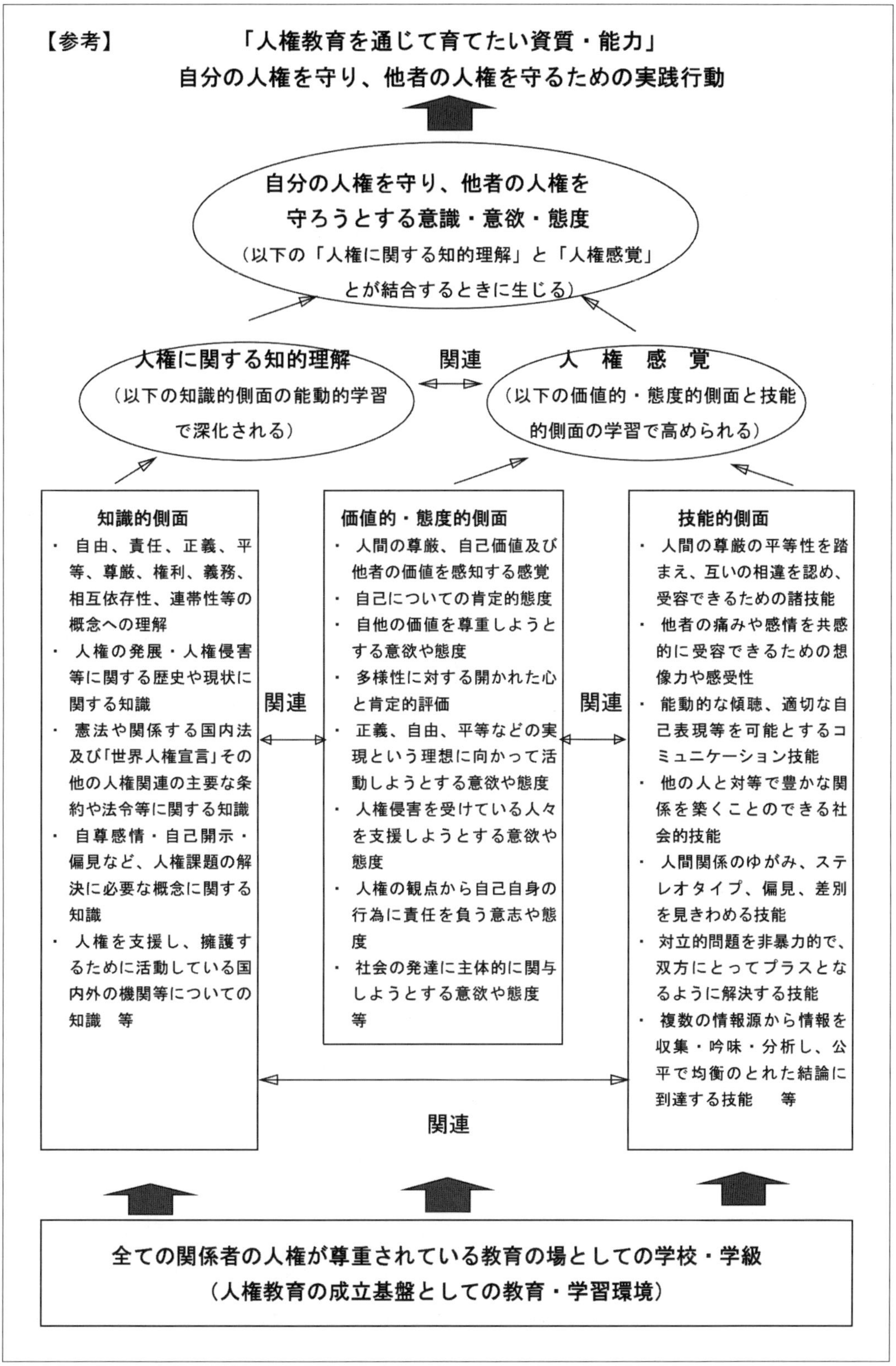

【参考】

「人権教育を通じて育てたい資質・能力」
自分の人権を守り、他者の人権を守るための実践行動

自分の人権を守り、他者の人権を
守ろうとする意識・意欲・態度
（以下の「人権に関する知的理解」と「人権感覚」
とが結合するときに生じる）

人権に関する知的理解　　　　関連　　　　人　権　感　覚
（以下の知識的側面の能動的学習　　　　　　（以下の価値的・態度的側面と技能
で深化される）　　　　　　　　　　　　　的側面の学習で高められる）

知識的側面
- 自由、責任、正義、平等、尊厳、権利、義務、相互依存性、連帯性等の概念への理解
- 人権の発展・人権侵害等に関する歴史や現状に関する知識
- 憲法や関係する国内法及び「世界人権宣言」その他の人権関連の主要な条約や法令等に関する知識
- 自尊感情・自己開示・偏見など、人権課題の解決に必要な概念に関する知識
- 人権を支援し、擁護するために活動している国内外の機関等についての知識　等

関連

価値的・態度的側面
- 人間の尊厳、自己価値及び他者の価値を感知する感覚
- 自己についての肯定的態度
- 自他の価値を尊重しようとする意欲や態度
- 多様性に対する開かれた心と肯定的評価
- 正義、自由、平等などの実現という理想に向かって活動しようとする意欲や態度
- 人権侵害を受けている人々を支援しようとする意欲や態度
- 人権の観点から自己自身の行為に責任を負う意志や態度
- 社会の発達に主体的に関与しようとする意欲や態度　等

関連

技能的側面
- 人間の尊厳の平等性を踏まえ、互いの相違を認め、受容できるための諸技能
- 他者の痛みや感情を共感的に受容できるための想像力や感受性
- 能動的な傾聴、適切な自己表現等を可能とするコミュニケーション技能
- 他の人と対等で豊かな関係を築くことのできる社会的技能
- 人間関係のゆがみ、ステレオタイプ、偏見、差別を見きわめる技能
- 対立的問題を非暴力的で、双方にとってプラスとなるように解決する技能
- 複数の情報源から情報を収集・吟味・分析し、公平で均衡のとれた結論に到達する技能　等

関連

全ての関係者の人権が尊重されている教育の場としての学校・学級
（人権教育の成立基盤としての教育・学習環境）

資料：文科省「人権教育の指導方法等のあり方について（第三次とりまとめ）」2008年

図2　第三次とりまとめ「概要」

人 権 教 育 の 指 導 方 法 等 の 在 り 方 に つ い て［第三次とりまとめ］【概要】

人権教育の指導方法等に関する調査研究会議

☆人権教育のさらなる充実を求める機運が高揚している

○「人権教育の指導方法等の在り方について」
* ［第一次とりまとめ（平成16年6月）］；「人権教育とは何か」についてわかりやすく提示
* ［第二次とりまとめ（平成18年1月）］；指導方法等の工夫・改善のための理論的指針を提供

⇒［第三次とりまとめ］；第二次とりまとめが示した理論の理解を深めるため、具体的な実践事例等の資料を収集・掲載　【「指導等の在り方編」と「実践編」の2編に再編】

指導等の在り方編

第Ⅰ章　学校教育における人権教育の改善・充実の基本的考え方

人権教育の目標
　児童生徒が、発達段階に応じ、人権の意義・内容等について理解するとともに、「自分の大切さとともに他の人の大切さを認めること」ができるようになり、それが、様々な場面等で具体的な態度や行動に現れるようにすること。

【人権教育を通じて育てたい資質・能力】
- 自分の人権を守り他の人の人権を守るための実践的な行動
- 自分の人権を守り他の人の人権を守ろうとする意識・意欲・態度
- 人権に関する知的理解（知識的側面）
- 人権感覚（価値・態度的側面／技能的側面）
- 人権が尊重される教育の場としての学校・学級

第Ⅱ章　学校教育における人権教育の指導方法等の改善・充実

第1節　学校としての組織的な取組と関係機関等との連携
1. 学校の教育活動全体を通じた人権教育の推進
2. 学校としての組織的な取組とその点検・評価
3. 家庭・地域、関係機関との連携及び校種間の連携

第2節　人権教育の指導内容と指導方法
1. 指導内容の構成
2. 効果的な学習教材の選定・開発
3. 指導方法の在り方

第3節　教育委員会及び学校における研修等の取組
1. 教育委員会における取組
2. 学校における研修の取組

実践編

「指導等の在り方編」の理解を助ける43の実践事例等

Ⅰ　学校としての組織的な取組と関係機関等との連携【事例1〜9】
- ○ 全体計画及び年間指導計画の例
- ○ 学校としての取組の点検・評価の取組例
- ○ 家庭・地域、関係機関との連携及び校種間連携の取組例　　　　　　　など

Ⅱ　人権教育の指導内容と指導方法【事例10〜30】
- ○ 人権に関する知的理解に関わる指導内容の構成例
- ○ 人権感覚の育成に関わる指導内容の構成例
- ○ 効果的な学習教材の選定・開発の例
- ○ 児童生徒の自主性を尊重した指導方法の工夫例
- ○ 「体験」を取り入れた指導方法の工夫例
- ○ 児童生徒の発達段階を踏まえた指導方法の工夫例

Ⅲ　教育委員会及び学校における研修等の取組【事例31〜43】
- ○ 各学校の成果に関する情報発信の取組例
- ○ 効果的な研修プログラムの例　　　　　　　　など

資料：文科省「人権教育の指導方法等のあり方について（第三次とりまとめ）」2008年

前節で、いわゆる「性的マイノリティ」が人権（教育）の課題として取り上げられていることを確認したが、小中学校の道徳科学習指導要領ではどうか。端的にいって、道徳科の内容項目として、「性の多様性」（セクシュアル・マイノリティを含む）およびその関連事項（ジェンダー（gender）、セクシュアリティ、性的健康（sexual health）、性的権利（sexual rights）など）は入っていない。道徳科学習指導要領で示されている内容項目は、小学校では自律、自由と責任、親切、思いやり、相互理解、規則の尊重、家族愛、生命の尊さなど、中学校では真理の探究、遵法精神、公徳心、社会参画などのいわゆる価値項目である。

また、小中学校道徳科の授業で教材として使用されている（2017年度まで）文科省編纂の資料集『私たちの道徳』においても、「性の多様性」に関わる内容を含むものや、セクシュアル・マイノリティおよびその関連事項は掲載されていない。なぜなら、『私たちの道徳』は、学習指導要領に示す内容項目ごとに『読み物部分』と『書き込み部分』とで構成されているからである。

では、道徳科の授業で「性の多様性」を教材として取り上げることはできないのだろうか。結論からいえば、「性の多様性」を道徳科で取り上げることは不可能ではない。というのも、道徳科の授業においては、環境、貧困、人権、平和、開発など、社会の持続可能な発展に関わる現代的な課題を教材として取り上げ、児童生徒がそれらの課題を自分との関係において考え、多面的・多角的視野から議論することが推奨されているからである。

たとえば、『小学校学習指導要領解説特別の教科道徳編』では、「児童には、発達の段階に応じて現代的な課題を身近な問題と結び付けて、自分との関わりで考えられるようにすることが求められる」とし、「それらの教

育的課題を主題とした教材を活用するなどして、さまざまな道徳的価値の視点で学習を深めたり、児童自身がこれらの学習を発展させたりして、人としてよりよく生きる上で大切なものは何か、自分はどのようにして生きていくべきかなどについて、考えを深めていくことができるような取り組みが求められる」としている（pp.94-95）。

つまり、道徳科の授業で、児童生徒の発達段階に応じた現代的な課題として「性の多様性」を取り上げることは可能なのである。その際重要なのは、「現代的課題の学習では、多様な見方や考え方があることを理解させ、答えが定まっていない問題を多面的・多角的視点から考え続ける姿勢を育てることが大切」であり「安易に結論を出させたり、特定の見方や考え方に偏った指導を行ったりすることのないよう留意し、児童が自分と異なる考えや立場についても理解を深められるよう配慮」することなのである（『小学校指導要領解説道徳科』p.96、『中学校指導要領解説道徳科』p.99）。

(2) 小中学校における道徳授業実践

まず、小学校の道徳授業実践は、2017年7月14日、神奈川県三浦市立初声小学校で行なわれた5年生道徳の授業である。この授業は、旧学習指導要領（平成20年）の領域2「主として他の人とのかかわりに関すること」の内容項目「(4) 謙虚な心をもち、広い心で自分と異なる意見や立場を大切にする」を扱ったものである。

授業のねらいは、児童自身が性別の固定概念を省察する過程で、性の多様性を認識することにより相互尊重の在り方を考える、という点にある。教材はLGBTに関する新聞記事、当事者の著作等から養護教諭が作成した掲示資料（イラストなど）である。授業方法は、担任の加藤恵美子教諭と及川比呂子養護教諭

によるTTである。授業の事前準備として、児童の「男らしさ、女らしさ」についての考え方を把握するための事前アンケートを行ない、その結果を導入に用いている。授業の詳細については、及川比呂子教諭の論考（**本誌14ページ**）を参照されたい。

　次に、中学校の道徳授業実践例として、福岡県大川市立大川中学校で行なわれた2年生の道徳の授業実践がある。この実践は3時間扱い、人権教育（男女共同参画教育）の領域として、第2次は保護者参観で、第3次は市教育委員会の学校訪問時に実施されている。教材はLGBTQについてのDVD映像資料（ワークシート添付）、当事者の写真と手記であり、授業方法は生徒間での意見交換・話し合い学習である。授業者の神代恵美教諭は授業時の生徒の感想を整理し、次の授業につなげている。

【資料】は、授業の目標、単元計画、および第1次から第3次までの指導案である。なお、下線部と太字は引用者が記入したものである。

【資料】
○目標
(1) 多様な性の在り方があることを知り、性の在り方にかかわらずお互いを尊重しあうことの大切さについて理解することができる。
(2) 性の在り方の違いを認め、より良い人間関係を築きながら共に生きようとする態度を持つことができる。
(3) 自他の相違を受け止め、自他を大切にすることができる。

○単元計画（3時間）
第1次　多様な性（LGBTQ）について知る。（1時間）
第2次　いろんな性別といろんな生き方を知る。（1時間）
第3次　違いを受け入れながら共に生きていくことを考える。（1時間）

○指導案
第1次　ねらい：・DVD（新設Cチーム企画2011）を見て、LGBTについて知る。
　　　　　　　　　　・ゆうきがビデオレターで伝えたかったことについて考える。

学習活動	指導上の留意点
1．前時を思い出す。 ・体のしくみ（生殖器）も単純に女・男とはわけられない。 2．3つの性を知る。 ・性別は何で判断するのかを考える。 3．めあてを確認する。 　多様な性について学ぼう。 4．DVD「ゆうきからのお知らせとお願い」を見て、ゆうき（トランスジェンダー）について知る。 5．わかったこと、感じたことを交流する。 ・DVDを見て知ったことや分かったこと ・ゆうきがビデオレターで伝えたかったこと、自分の心に響いたことについて ・Qは「クエスチョンである。」ことを知る。 6．まとめ ・感想を書き、交流する。	○いろんな人がいて当たり前なことを再度押さえる。 ○ゆうきが感じたしんどさについて考えさせ、自分たちの周りにたくさんの問題があることに気づかせる。 ○「おかま」「レズ」などの言葉をどういう意味で使っているのか、使ってどんな気持ちなのか、考えさせる。 ○自分がいじめられないために、いじめに荷担してしまうことがある。それをしない勇気が必要だと気づかせる。 ・どう生きても、誰を好きになってもいい。 ・女や男だけでなく、自分らしく生きる。 ・その人らしく生きているのを、他の人が笑うのは悲しい。 ・違いを楽しみ、仲良くする。 ○人の性や生き方は多様であり、どんな生き方をするのかは自分で決めていいことを理解させる。

第2次 ねらい：・性別を4つの要素に分けて考え、自分の性について振り返る。
　　　　　　　　・性は多様であり、性のあり方、生き方は自分が決めていいことが分かる。

学習活動	指導上の留意点
1．めあてを確認する。 　　　性別の中身を知ろう。 2．DVD（キリン先生の授業～マコトさんの4つの性のものさしまで）を見る。 　・LGBTQについて確認する。 3．4つの性について考える。 　・自分の4つの性について考える。 4．DVDの続きを見て、好きな人の性別について考える。 5．LGBTQの人が困っていることを考え、「こんなのアリ！」を考える。 6．学習しての感想を書く。	○LGBTQという言葉を復習する。 ○LGBTQ以外にも性分化疾患など、それに当てはまらない人もいることを思い出させる。 ○「心の中で丸をつけてみて」と伝える。 ○性のあり方は一人ひとり違うことを知らせ、<u>思ったことや感じたことが人と違っていても、不安感を持たせないようにする。</u> ○すべての人が、女→男、男→女を好きになるとは限らないことを考えさせる。 ○学校生活や自分たちがよく行く場所を中心に考えさせる。

第3次 ねらい：性的マイノリティ当事者の思いを感じ、自分との違いを偏見や差別で見るのではなく、
　　　　　　　　受け入れあうことによって、自他を尊重しようとする意欲や態度を養う。

学習活動（主な発問と予想される生徒の反応）	指導上の留意点
1．写真を見て感じたことを出し合う。 　　　杏理さんのステキな笑顔のわけを考えよう。 2．資料を見て感じたことを出し合う。 　(1) 手記（最初～小学生部分）を読んで、杏理さんの思いを出し合う。 　　　杏理さんはなぜ「もやもや」したのだろう。 　・自分は男の子だと思っているのに、そんな風に見てくれないから。 　・なんでそんな風に言うのだろうと思ったから。 　・これまでずっと仲が良かったのに、どうしたんだろう。 　　「そんなのが近くにいたら気持ち悪いよね」と言われたとき、杏理さんはどんな気持ちだったでしょうか。 　・自分も気持ち悪いと思われるんじゃないか。 　・誰も分かってくれないんじゃないか。 　・一人ぼっちになるんじゃないか。 　(2) 手記（中学生～最後）を読み、杏理さんの思いを話し合う。 　　「本当の、そのままのあなたが素敵だよ」と言われたとき、杏理さんはどんな気持ちだったでしょう。 　・ようやく、本当の自分を理解してくれる人ができた。 　・できれば、もっと早く理解してくれる人がほしかった。 3．杏理さんの手記から、これまでの経験を想起する。 4．資料（最終項）を読み、教員の話を聞く。 　・これまでの出会いや自分の考えについて。	○先ず自由に発表させる。その中で杏理さんの笑顔や言葉に対する、子どもの反応や発言を拾い上げ、焦点を絞っていく。 ○「自分は男なんだと思っていた」という杏理さんの言葉に注目させ、「体の性と心の性が一致していない人もいる」と言うことをおさえ、「多様な性」について学習することを確認する。 ○発問に対する子どもの考えを深化させるために、その後の文章「絶対話せない…涙が流れました。」の部分に注目させる。 ○<u>自分の考えを班で交流させる。</u> ○**学級の中に実際に悩み、苦しんでいる子どもがいることが予想されるので、子どもの心の揺れには十分に配慮する。** ○子どもの発言や班での交流で出てくる、「自分の事を認めてくれる友達の存在への気づき」に焦点を当て、手記に関するまとめへとつなげる。 ○手記のまとめでは、設問1から設問2への杏理さんの気持ちの移り変わりについて、その背景にある<u>周囲の理解と受け入れが大切であることに気付かせる。</u> ○感想の中に出てくる「今までの自分」や「これからの自分」などに着目する。 ○現在の杏理さんの活動を紹介する中で、<u>悩んでいる子どものSOS発信先を紹介する。</u>

(3) 道徳科授業「性の多様性」の可能性と課題

　まず、小中学校の授業実践からわかったことをまとめておく。小学校の実践では、授業後、児童は次のような感想を書いている。

・人によってそれぞれだし、自分らしさは他の人とは違う。自分は自分、他の人は他の人と、一人ひとり違う。性別ごとに分けなくてもいいと思った。

・自分が悪気なく言っている言葉でも、相手を傷つけているときがあるかもしれないことを学んだ。男だからって限られているわけではない。

・自分の気持ちに自信をいっぱい持っていい、ということがわかった。

　これらの感想から、児童が「性の多様性」の学習を通して、道徳価値項目の「自分と異なる意見や立場を大切にする」ことを学んでいることがわかる。小学校の実践例には、セクシュアル・マイノリティについての知的理解を目的とする学習内容は含まれていない。むしろ、LGBTについては新聞記事などの情報、当事者の経験を提示することにとどめ、まず、児童が「性の多様性」に気づくことにねらいを絞っている。その結果、児童は、「一人ひとり違う」「自分の気持ちに自信を持つ」という「多様性」と「自己決定・自尊感情」、自分にも意図せず他者を傷つける可能性があることに気づけている。

　一方、中学校の実践例では、第1次で多様な性についての知的理解を目的に授業が行なわれ、第2次で自分の性を振り返ることにより「性の多様性」を自分のこととして学習し、第3次で当事者の思いを感じ取ることから自他の違いを認め、それぞれを尊重することの大切さにつなげている。以下は3時間の授業終了後、生徒が書いた感想である。

・世の中には色々な人がいると分かり、僕が今まで同性愛の人をキモイと思っていたけど、その人たちは嫌な思いをしていると分かった。

・気付かないうちに私も傷つけているかもしれないので、気をつけていかなければならないと思った。そして受け入れる心を持たないといけないと思った。

・私は「いろんな性別」の学習をするまで、女性、男性以外の性別はないと思っていたけど、もっと違う性別の人がいると知れて理解が深まったので良かった。

　この実践例では、セクシュアル・マイノリティについての知的理解は「性の多様性」を理解するための学習過程に位置づいており、授業のねらいは自他の違いを認め、それぞれの生き方を尊重し、共生することの大切さを理解することにある。特に、第2次では、生徒が自身の性のあり方について考える時間を設定し、性のあり方、生き方を自己決定することの大切さを確認させている。そうすることにより、生徒は、セクシュアル・マイノリティを特別な存在として多数派から分離して捉えるのではなく、自分も人間の多様な性のなかの一人であることに気づけている。

　これら小中の実践例に共通していることは、次の4点である。

①授業のねらいは、「自分と異なる意見や立場を大切にし、相互尊重を自分なりに考えること」（小学校）、「多様な性を理解し、性のあり方・生き方の違いを認め、共に生きようとする態度、自他を大切にすること」（中学校）であり、道徳科の内容項目である。

②養護教諭（小学校）とのTTによる学習方法の採用、「からだのしくみ」の学習（中学校）など他教科（保健体育科）との連携が行なわれている。

③セクシュアル・マイノリティ／当事者の経験や手記を教材として活用し、児童生徒に

対して相手の立場に立って考えること、意図せず傷つけてしまうかもしれない人の存在に気づくことを促している。
④「性の多様性」を理解する過程に、セクシュアル・マイノリティの抱える課題を「自分のこととして、自分に引き付けて考えること」が含まれている。

　学習指導要領「道徳科の教材に求められる内容の観点」によれば、道徳科の指導においては児童生徒の発達の段階や特性、地域の実情等を考慮したうえで、現代的な課題を題材とした多様な教材の開発と活用が求められている。実践例をみると、プレ思春期の小学校5・6年生や第二次成長期・思春期の中学生の発達段階を踏まえた教材が選択されている。したがって、「性の多様性」の授業においても、教材選択の際には、児童生徒の発達段階とその特性を踏まえることが重要といえる。

　また、道徳科の学習指導においては、各教科との関連をもたせた学習指導の多様な展開が求められる。実践例でも、担任教諭と養護教諭とのTTによる学習（小学校）、他教科での学習を踏まえた授業（中学校）など、多様な学習指導が展開されている。つまり、「性の多様性」関連の資料を教材として用いる場合にも、理科、保健体育科、社会科、家庭科など他教科との関連づけ、教科担当教員間／養護教諭との連携、教材に関しての教員間の共通理解が必要となる。

　さらに、小学校での実践例では、「学級通信」で「性の多様性」を取り扱った道徳の授業の様子を掲載し、保健室の「ほけんだより」でLGBTについて解説するなど、クラス担任教諭と養護教諭が連携して保護者への情報提供を行なっている。また、中学校の実践例でも、「授業の意義を保護者に知らせる取り組み」として「学年通信」で授業の情報を提供し、

当事者による人権講演会を開催している。「性の多様性」の授業実践では、セクシュアル・マイノリティへの偏見や差別の解消という人権教育の視点から、正確な知識・情報の提供を含め保護者との連携・協力が重要である。

おわりに

　これまで述べてきたように、人権教育として「性の多様性」を道徳科で取り扱うことは可能である。紹介した2実践例からもわかるように、道徳科の指導において重要なのは、児童生徒が自身のこととして多様な性のあり方を学習し、人権感覚としてそれぞれの生き方を尊重できるようになることである。つまり、「性の多様性」を学習することは包括的セクシュアリティ教育の一環として、子どもの人権である性的権利を保障することにつながる。

　性を人権の問題として学習するにあたって有効なのは、前述したSOGIの考え方であろう。すべての人がもっているSOGIという枠組みから「性の多様性」を学ぶことは、児童生徒一人ひとりが「自分のこととして」ジェンダーやセクシュアリティを学習することになる。そのような学習は、マイノリティを理解するための学習ではなく、「性の多様性」を私たちの課題／問題として学ぶ／考えることを意味する。

　周知のように、道徳教育の充実化／道徳の教科化の背景のひとつには、学校でのいじめを原因とした児童生徒の自殺が後を絶たないという状況があった。いじめの問題は、道徳教育が取り組まなければならない現代的・最重要課題である。LGBTの児童生徒がいじめの対象になりやすいことを考えれば、LGBTへのいじめ、人権侵害は道徳教育の現代的課題であり、LGBTの児童生徒に対しては、学

校教育全体で配慮や支援が必要になる。そのためには、SOGIと人権の視点から、道徳教育の一環として「性の多様性」の学習を進めていくことが重要であろう。

＊本稿執筆にあたっては、神奈川県三浦市立初声小学校加藤惠美子教諭、及川比呂子養護教諭、福岡県大川市立大川中学校神代恵美教諭から貴重な資料を提供していただいた。深く感謝する次第である。
＊本稿には、拙稿『教職のための道徳教育第1章道徳教育の現代的課題』および「『性の多様性』を教材とした『特別の教科道徳』における人権教育―小中学校での授業実践事例から―」の論考の一部を加筆訂正して掲載している。

【参考文献・資料】
・浅井春夫『セクシュアル・ライツ入門―子どもの性的人感と性教育のための20章』十月舎 2000年
・日本小児内分泌学会 性分化・副腎疾患委員会作成『Webtext：性分化疾患の診断と治療』2016年 http://jspe.umin.jp/medical/files/webtext_170104.pdf
・内海﨑貴子編著『教職のための道徳教育』八千代出版 2017年
・日本弁護士連合会子どもの権利員会編著『子どもの権利ガイドブック【第2版】』明石書店 2017年
・UNESCO編浅井春夫・艮香織・田代美江子・渡辺大輔訳『国際セクシュアリティ教育ガイダンス―教育・福祉・医療・保健現場で生かすために―』明石書店 2017年
・内海﨑貴子「教職課程科目『道徳教育の指導法』における人権教育実践―ユニセフ『子どもの権利条約カード』を用いたアクティブ・ラーニングの試み」立教大学学校・社会教育講座教職課程『教職研究第29号』2017年 pp.25-38
・奈良県教職員組合『教職員のためのセクシュアル・マイノリティサポートブックVer.4』2018年 http://jtu-nara.com/book.html
・河野銀子・藤田由美子編著『教育社会とジェンダー』学文社 2018年
・木村草太編『子どもの人権を守るために』晶文社 2018年
・内海﨑貴子「『性の多様性』を教材とした『特別の教科道徳』における人権教育―小中学校での授業実践事例から―」立教大学学校・社会教育講座『教職研究』第30号（臨時増刊号）2018年 pp.9-23

LGBTを含めた全ての子どもが、ありのままの自分で大人になれる社会をめざして

特定非営利活動法人ReBit　代表理事

はじめに

「LGBT」とはレズビアン（女性同性愛者）、ゲイ（男性同性愛者）、バイセクシュアル（両性愛者）、トランスジェンダー（からだの性とこころの性が異なる人）の頭文字からなる言葉です。また、LGBTを含む、性自認（自身が認識する性別）や性的指向（恋愛対象となる性別）などが少数派である人を性的マイノリティといいます。LGBTは国内人口の5〜8％[1]とも考えられており、約13〜20人に1人がLGBTであると考えられ、比較的身近なマイノリティと言えますが、性的マイノリティであることを見た目だけで判断することはできません。また、差別や偏見、それに伴う暴力を恐れ、性的マイノリティの多くはカミングアウトに困難を感じています。このように性的マイノリティは「見えないし言えない」から「存在していない」ことにされやすく、認知や支援も十分とは言いがたい状況です。

1. 性的マイノリティの子ども・若者への支援の必要性

セクシュアリティ（性のあり方）は、アイデンティティのひとつのであり、人生選択や生き方に関わります。これを自他共に認められないことは、人間関係構築の障壁、自尊心の低下など、様々な困難に繋がります。LGBTが自殺におけるハイリスク層であることは、「自殺総合対策大綱」（平成24年8月28日閣議決定）にも明記されています。性同一性障害者の約58.6％が自殺念慮を抱き、約28.4％は自傷・自殺未遂を経験したとの調査もあります[2]。特に自殺念慮が高まる時期が思春期の中学生の頃であることからも[2]、特に学校現場での理解向上や支援体制が急務であると考えられます。

また、性同一性障害者の場合、半数以上が小学校入学前に性別違和を感じているとの調査もあり[2]、すでに幼少期から適切な支援と正しい情報提供が求められます。また、LGBTの子どもの約68％がいじめや暴力を経験し、性同一性障害者の約29％が不登校を経験しています[3]。

さらに、厚生労働省の委託事業でもある「よりそいホットライン」のLGBTに関する専門ラインには年間平均50万件以上の架電があり、その内約半数は10代〜20代の若者からです[4]。このようなことから、性的マイノリティの青少年への支援が急務であると言えましょう。

なお、平成27（2015）年4月30日、文部科学省から「性同一性障害に係る児童生徒に対するきめ細やかな対応の実施等について」という通知が出され、学校現場において、性同一性障害を含む性的マイノリティの子どもたちに対しての支援や、教職員や子どもたちの理解向上に努める必要性が明記されるなど、政府の対策も進められつつあります。

2. 教育現場での課題

性的マイノリティの子どもたちが直面する困難の中で、特に学校での困難に焦点をあて、以下、具体的事例と対応案について考えます。

(1) 男女で分けられること

制服、敬称（～さん、～くん）、名簿や席順、トイレや修学旅行の部屋など、男女で分けられるもの・ことは多くありますが、特にトランスジェンダーの子どもは望まない性別に振り分けられる度に自尊心が低下することもあります。

声：トイレで立って用をたすのに抵抗があった。学校で個室を使うとからかわれるので、学校ではトイレにいかないようずっと我慢をしていた。（MtFトランスジェンダー）

(2) 性的マイノリティがいないことが前提となっていること

「男の子なんだから泣かないの」「ピンクの色使いが女の子らしくて素敵だね」など、男の子は男の子らしく、女の子は女の子らしくという前提や、「いつかは結婚して子どもを育てるんだから」といったすべての人が異性愛者であることの前提は、性的マイノリティの子どもへ疎外感を与えます。

声：思春期にはみんなが異性を好きになるんだよと先生が言っていて、女の子が好きな私は「異常」なのではと不安だった。（レズビアン）

(3) 正しい知識にアクセスできないこと

特に自身のセクシュアリティに気づきやすい時期として思春期が挙げられますが、約9割の高校生がLGBTや多様な性について学校で教えられた経験がありません[5]。正しい知識を得ることができないと、性的マイノリティの子どもは自分をどのように認識していいかわからず自己否定をしてしまう可能性があ

ります。性的マイノリティでない子どもも多様性を学ぶ機会を一つ失うことになり、また理解不足は、いじめなどにもつながる可能性があります。

声：小学校で自身のセクシュアリティを認識したが、メディアではLGBTを揶揄する表現ばかりで、自分はおかしい存在なのだと思い、誰にもバレないよう10年近く隠していた。（FtMトランスジェンダー）

(4) 身近に相談できる人がいないこと

教職員の約9割がLGBTについて習ったことがない[5]というアンケート結果もあります。教職員が基本的な知識を持っていないと、性的マイノリティの子どもの困りごとに気づけなかったり、相談を受けても不適切な対応をしてしまう可能性があります。また、性的マイノリティの多くが保護者へもカミングアウトを困難と感じており、身近に相談できる大人を持つことができず、一人で悩みを抱え込んでしまいがちです。

声：性別に違和感があることを先生に相談したら、「思春期の気の迷いだ」だと笑われ話を聞いてもらえなかった。（FtMトランスジェンダー）

(5) ロールモデルが見えないこと

大人にとっても性的マイノリティであることを周囲にカミングアウトすることは難しく、姿が可視化しづらいことから、性的マイノリティの子どもにとって大人になるイメージを描くことは困難です。

声：LGBTの大人に会ったことがなかったから、仕事をしたり、自分の生まれ育った地域で暮らしたり、「普通に」生活する姿をイメージできず、将来に対する不安がいつもあった。（ゲイ）

3. 国内における好事例と課題

平成27（2015）年4月、文部科学省より性同一性障害や性的マイノリティの児童生徒へ配慮を求める通知が全国の小中高校などへ配布され、昨今国内においても、性的マイノリティの子ども・若者への取り組みの必要性が明記され、教育現場でも取り組みが開始されています。

（1）教育関係者への機会提供

昨今教職員が多様な性を持つ子どもについて知るための資材の開発の取り組みを開始しています。

1）文部科学省による教職員向けマニュアル

平成28（2016）年6月、文部科学省が性的マイノリティの子どもへの対応の手引書を作成し、全国の小中高校などへ配布されました。性的マイノリティにかんする用語の解説や、調査結果の報告、性的マイノリティの子どもに求められる対応等について記載がされ、教職員が多様な性をもつ子どもについての意識・知識の向上の後押しにつながりました。

2）自治体による教職員向け教材

昨今自治体が教職員に向けた性的マイノリティの子どもの対応についての教材を出す事例が増えています。大阪市の淀川区、阿倍野区、都島区が3区合同で、教職員向けのLGBTハンドブックを作成したことや、埼玉県、東京都武蔵野市、神奈川県横浜市等がReBitとともに教職員向けのLGBTハンドブックを作成し、自治体内の全校に配布したことが事例として挙げられます。

（2）子どもへ知る機会の提供

子どもへ多様な性について提供するための取り組みも始まっています。

1）教科書への記載

2017年度から高等学校で使われる教科書に、「LGBT」という言葉が初めて登場しました。性的マイノリティや多様な家族については地理歴史や公民、家庭などの教科書の一部に記載されています。また、2019年度から中学校で使われる道徳教科書の一部に、LGBTや多様性について記載されることもニュースとなりました。

2）副読本（福岡市）

2015年に福岡市教育委員会が小学生向けの副読本に性的少数者を扱ったページを設けました。人権読本「ぬくもり」（小学校5、6年生版）に掲載されました。

3）自治体による指導資料／学習教材（神奈川県）

県教育委員会が作成する人権教育指導資料、学習教材の中で教職員向け研修、小中高校生向け個別の指導案やワークシートに性的マイノリティの項目が入っており、全校に配布しています。

4）幼児・児童向け出版物

『タンタンタンゴはパパふたり』（ポット出版）、『いろいろな性、いろいろな生きかた』（ポプラ社）など、幼児や小学生が多様な性について知るための絵本や児童書が発刊されています。幼少期から多様な性や多様な家族、ひいては多様性について知るための資材として、その役割が期待されています。

（3）性的マイノリティの子どもと家族の支援体制を整える

性的マイノリティの子どもやその家族・友人・教職員等が孤立しないためにも、相談支援や居場所づくりが各地域に求められています。

自治体による居場所づくり

大阪市淀川区は、2013年9月に全国で初め

て行政として「LGBT支援宣言」を発表し、性的マイノリティに関する正しい知識と理解を深め、少数者の人権を尊重したまちづくりを進め、相談事業や啓発事業などとあわせ、月2回程度、性的マイノリティなどのためのコミュニティスペースを運営しています。

(4) 国内での取り組みの課題

しかし、国内における取り組みの課題はまだまだ多く、以下、項目ごとに整理してみます。

1) 教育関係者へ知る機会の提供

多様な性をもつ子どもに適切な対応をするためにも、教員養成過程に多様な性についての学ぶ機会の提供や、教職員への人権研修／資材等で広く性的マイノリティについて学ぶ機会を提供することが重要です。

2) 子どもへ知る機会の提供

性的マイノリティの子どもの自死念慮のピークは小学校高学年から高校の二次性徴期であるといわれるからこそ、その時期に正しい情報提供をすることが望ましく、求められます。

3) 性的マイノリティの子どもと家族の支援体制を整える

特に子どもの時期において、各市区町村に支援体制があることが大事です。家族にも相談していない場合に、遠くに支援体制があったとしても子どもはたどり着けないからです。また、孤立するのは子どもだけではなく、性的マイノリティの子どもをもつ家族も不安を抱えやすいため、家族会等支援者のための支援体制も重要です。

4. 小学校での多様な性について知るための授業実践紹介

筆者が所属する特定非営利活動法人ReBitは、「LGBTを含めすべての子どもがありのままでオトナになれる社会」をめざし、教育現場での多様な性への理解を通じ、多様性理解の促進をめざす「LGBT教育」事業を実施してきました。その一つの取り組みとして、2010年2月より教育現場への出張授業／研修を行ない、小学校1年生から大学、教育委員会、自治体、市民講座、保護者、内閣府などあらゆる立場・年代の人々に対し、授業や研修を約650回、約6万人に向け届けてきました。

ReBitの出張授業には、二つの特徴があります。一つ目は、多様な性という切り口を通じて、「自分らしさはすごく素敵だよね」ということや、「誰かと違うことは悪いことではない」など性のあり方を含め、どんな違いも受け入れあっていく大切さを伝えることに狙いをおいていることです。二つ目は、「授業を受

ける人にとって身近な授業をする」ことです。

ReBitの講師は主に大学生が務め年代的にもできるだけ近く、また距離的にもできるだけ近くなるようにワークショップ形式を大切にしています。「性的マイノリティの人」としてではなく、「性的マイノリティでもある」一人ひとりに実際の「出会い」を通じ、LGBTを知識として知るだけにとどまらず、体感的に知ってもらうための授業をめざします。

また、発達段階にあわせ授業の内容や目的を変えています。小学生に向けては、多様な性への理解を通じ「自分らしさが大事」であることを伝える授業をしています。中高生には、性的マイノリティの友達と出会ったときにどういうふうに声をかけられるか話し合ったり、心に残ったカミングアウトのエピソードを伝えるなど、他者理解や多様性理解につながる授業をしています。また、大学生には

学部や授業にあわせ、人権的課題の側面など、社会的背景についても話しています。教職員に向けては、基礎的な知識やLGBT当事者の学生の体験談とともに、性的マイノリティの子どもが困りやすいことを体系化し求められる対応について伝え、対応だけでなく、相談しやすい先生になるための実践についても伝えています。

■ミニクイズ→基礎知識→グループワーク

小学校の授業は主にグループワーク型で行ないます。受講生5〜10人ほどの各班にメンバーが一人ずつ入り、車座になって対話をする形です。ファシリテーターと子どもたちが出会いを通じてLGBTを体感的に知ることをめざします。そのため、1〜2学年合同で体育館などの広い空間で行ない、時間は2コマ連続で実施することが多く、休憩時間を挟みながら90分ほどの授業を行ないます。

授業はまず、1人のメンバーがメインファシリテーターとして前に立ち、全体でミニクイズをすることから始まります。トランスジェンダーで幼少期と今で表現する性が変わっているメンバーの幼少期の写真を当てるもの、そして、同性愛のメンバーの好きな芸能人を当てるものの2問からです。児童の発達段階は様々ですが、大部分の子どもたちがそもそも性別について意識することが日常で多くないためか、1問目のトランスジェンダーのメンバーの登場でいつも驚きの声が大きく上がります。1問目で今日の授業内容をなんとなくつかんだ子どもたちは、2問目の同性愛のメンバーのクイズでは少し正答率が上がりますが、それでも衝撃は少なくないです。このことは、性的マイノリティの人に"目に見える形で"会ってこなかったことの裏づけでもあります。

その後の基礎知識では、「LGBT」という言葉からは入らず、「男の子が好きな男の子もいるよね」「男の子の身体で生まれた女の子もいるよね」と、専門用語は使わずに多様な性について紹介します。本授業の目的は用語を覚えてもらうことになるのではなく、知らなかったことを新たに知った自分と対峙し、そのときに持った素直な感情を大切にしてほしいと思うからです。自身に該当するセクシュアリティのときにはReBitのメンバーがその場で立ち上がり、実際に様々なセクシュアリティの人がいるということを実感する一助となっています。

基礎知識が終わると、いよいよグループワークに入ります。まずは自己紹介ゲームを通して距離を縮め、その後、自身のことについて話す「ライフヒストリー」を行ないます。これは、ReBitのメンバー自身が幼少期から現在までの経験や感じたことを踏まえ、LGBTでもある一個人の話を通じ多様な性について身近に感じてもらうための時間です。各グループにてメンバーが持参した紙芝居形式のパネルを用い10分程度で話します。

グループワークの後半は、「楽しいときってどんなとき？」「みんなが自分らしくいられるスローガンづくりをしよう！」などをテーマに、グループワークを行ないます。LGBTとの枠組みを超えて、「自分らしさを大事にする」ということを、子どもたち自身にも感じてもらいたいねらいがあります。

■幼少期から正しい知識の提供を

小学生が対象だと、「LGBTのことを話してもわからないのではないか」「取り組みが早すぎるのではないか」というのが懸念の声を受けることもありますが、実施を重ねる中で、そうではないことがわかってきます。ReBitは授業後に、受講者へアンケートを実施しており、その中の「今までに『オカマ』『ホモ』『お

とこおんな』という言葉を見たり聞いたりしたことはありましたか？」という設問で、「はい」と回答した割合は、小学3年生約46%、4年生約76%、5年生約82%、6年生約84%であり、多様な性への否定的な情報は、小学生の段階から子どもたちが手にしていることが明らかになりました。また、小学4年生からその割合が急に増加することから、その年代以前には、多様な性についても授業内で適切に扱う必要性があることがわかります。

また、「友だちに『男の子を好きな男の子』『女の子を好きな女の子』『女の子のからだで生まれてきた男の子』『男の子のからだで生まれてきた女の子』がいても、なかよくできそうだと思いましたか？」という質問には、小学校低学年の児童約97%が「はい」と回答。この割合は中学年・高学年の児童と比べても差異は見られず、小学校低学年から多様な性についての教育の理解度の高さが伺えます。

また、アンケートの自由記述欄には、「男の子のことを好きな男の子がいてもいいと思った」（1年生）、「男の子が好きな男の子とか女の子で生まれた男の子に会っても、優しく普通の友だちとして接していこうと思いました」（4年生）、「身の回りにもいるかもしれないことを知って、引いたりしないで仲良くしたいなと思いました」（6年生）など、性の多様性を受けとめていこうとする子どもたちの姿が見られました。しかしこれは言い換えると、子どもたちは授業を受けるまで、LGBTに対して、"優しく普通の友だちとして"、"引いたりしないで仲良く"接することを困難に感じていたとも解釈できます。この結果からも、幼少期から多様な性に関する正しい知識提供の必要があることを実感しています。

■「自分らしさ」を受けとめられるように

さらに、授業を通じ、性の多様性の枠組み

を超えた効果もみられました。「自分であたりまえに思っていることでも、そうではない人もいるんだなとわかりました」など多様性理解につながる側面が見られたり、「見た目やイメージで判断しないで、人それぞれの性格があるから、その人のいいところなどを見ると、もっと人に対して広い心を持てるんじゃないかと思いました」など、他者を尊重する意識の向上が見られたりしました。

また、「自分も誰にも言えないことがあったけれど、それでもいいと思った」（1年生）、「自分は女の子だから小学生になってからはおとなしくしていたけど、幼稚園のときのまま活発でいていいと思えた」（2年生）、「『自分らしさ』が大切という事が分かった。人に流されたり、悩みを言わなかったりするのではなく、自分の思ったことを言ったり、相談したりすることの大切さを学びました」などの声からは、全ての児童のエンパワメントにつながっていることが確認できました。

「男で男が好きな人がいたから、ぼくはとても安心しました」（4年生）の声からは、性的マイノリティと思しき児童へもエンパワメントにつながることが確認できました。

本感想は、ReBitの授業がLGBTを題材としていますが、多様な性について知ってもらうこと以上に、他者の違いをそのままに受けとめたり、ありのままの自分を受けとめられる自分になったりすることのねらいの設定が影響しているのではないかと考えられます。多様な性とのテーマを通じ、他者との違いに悩んだり考えたりした経験を持つ若者が「自分らしさ」を受けとめられるようになった過程を話すことが、性的マイノリティでない児童生徒にとってもエンパワメントにつながっていることを感じられます。

5. 子どもから相談を受けたとき

子どもから相談を受けた際、ぜひ思い出していただきたい「3つのステップ」と「2つの"ナイ"」をご紹介します。

3つのステップ

ステップ❶ 聴く

初めて人に話すという子どもも少なくないため、人がいない場所に移動するなど、安心して話せる環境づくりを意識してください。また、「話してくれてありがとう」を伝えるなど、その子が今後も安心して相談できるような声かけをしてください。

ステップ❷ 知る

個々人で困っていることや、求めている対応はちがいますので、その子自身がどうして伝えてくれたのか、何に困っているのかということを聞いてください。また、人によっては、何か対応を求めているのではなくて、自分のことを知ってほしいなという気持ちでカミングアウトをする場合もあります。

ステップ❸ つなげる

子どもが情報を知ったり、交流するために、多様な性についての本や、電話相談、自助団体などを必要に応じて伝えてください。また、

先生自身も匿名性を守りながら、相談機関へ相談することもためらわないでください。

> **よりそいホットライン**（24時間無料電話相談）
> **0120-279-338**
> （4番：セクシュアルマイノリティ専門回線）

2つの"ナイ"

ナイ❶ 決めつけない

セクシュアリティはアイデンティティだからこそ、本人にしか決められません。だからこそ、「思い過ごしだ、そのうち治る」「きっとゲイに違いない」などその子どものセクシュアリティを否定したり、決定を促したりしないでください。セクシュアリティは迷ったり、決めないでいたり、いつ変わったりしてもいいのです。無理にあてはめようとせず、その子のままに受け止めてください。

ナイ❷ 広めない（共有しない）

他の人に勝手に情報が伝わると家庭や学校での居場所がなくなってしまう可能性もあります。そのため、本人の同意なく第三者に伝えることは避けてください。共有する必要がある際には、本人に確認のうえ進めてください。

6. LGBTもありのままで過ごせるクラス／学校のために先生が今日からできることとは？

多様な性のことを授業で教えることもとても大切ですが、「この人に相談できる」と思える大人が身近にいること、日頃から多様な性を意識し子どもの環境をつくってくれる大人がいることも大切です。そのために本日からできることを考えてみました。

- 性的マイノリティのニュースや話題を日常的に取り上げ、子どもたちに肯定的に伝える
- 「男なんだから○○」「女なんだから○○」とい

う言い方や見方をせず、個のその子を見る

- 「いつかは結婚するんだから」「親になったら」など、みんなが結婚や子育てをすることを前提とせず、人生設計は多様でいいことを伝える
- 「彼氏／彼女」ではなく、「パートナー」など、性別を限定しない言葉を使う
- 性的マイノリティが笑いのネタにされていたら、他の人権課題と同様に注意する
- 性的マイノリティに関する本や資料などを、

家、図書館、学校の保健室・図書室・教室など
に置く

●6色のレインボーアイテムを身につけたり、置
いたりする

＊赤・橙・黄・緑・青・紫の6色の虹は性的マイノ
リティに理解があることの国際的な象徴とされて
います。

●学級通信や保健だよりなどで、性的マイノリ
ティについて書く

●授業で性的マイノリティや多様な性について
取り上げる

●教職員や保護者が多様な性について知る機会
をつくる

　全ての子どもの命を守るためには、性自認
や性的指向により困難が生じる子どもについ
ても教育現場で想定し、対応を行なうことが
急務です。しかし、対応だけにとどまってい
てもいけません。多様な性についての教育は、
多様な性そのものへの理解はもちろん、多様
性理解の促進、他者を尊重する意識の向上、
児童のエンパワメント等、全ての子どもが「自
分らしさ」「その人らしさ」を大切にできるよ
うになる教育でもあるため、教育現場でしっ
かりと伝えていくことが重要だと考えます。

■多様な性について知ることができる本

　多様な性について知ることができる本や資
料はさまざまあります。その一部を紹介しま
す。

小学生向け

●タンタンタンゴはパパふたり（ポット出版）

●たまごちゃん、たびにでる（イタリア会館出版部）

●くまのトーマスはおんなのこ（ポット出版プラス）

●もっと知りたい！話したい！セクシュアルマ
イノリティありのままのきみがいい（汐文社）

●いろいろな性、いろいろな生き方（ポプラ社）

●「ふつう」ってなんだ？（学研プラス）

中・高生向け

●カミングアウト・レターズ（太郎次郎エディタス）

●ボクの彼氏はどこにいる？（講談社）

●ダブルハッピネス（講談社）

●思春期サバイバル（はるか書房）

マンガ

●弟の夫（双葉社）

●きのう何食べた？（講談社）

●同居人の美少女がレズビアンだった件。（イー
スト・プレス）

教職員や保護者向け

●LGBTってなんだろう？（合同出版）

●先生と親のためのLGBTガイド（合同出版）

●LGBTQを知っていますか？（少年写真新聞社）

●LGBTサポートブック（保育社）

オンライン教材

●「中学校版Ally Teacher's Tool Kit」中学校で
多様な性について教えるための映像教材・指導
案・配布資料。

詳細：http://rebitlgbt.org/project/kyozai

●NHK高校講座「自分らしさって？～性的マイ
ノリティ～」高校で多様な性について教えるた
めの映像教材・配布資料。

詳細：http://www.nhk.or.jp/kokokoza/tv/katei/
archive/chapter016.html

【注】
1　諸外国の調査ではLGBTは概ね2～5％程度など
と推定されている（釜野さおり・石田仁・風間孝・
吉仲崇・河口和也（2015年）、性的マイノリティに
ついての意識調査2015全国調査報告書　207ペー
ジ）、国内の調査ではLGBTは7.6％（平成27年電通
ダイバーシティラボ）や、8％（平成28年 LGBT
総合研究所）といった結果がある。
2　中塚幹也（2010）「学校保健における性同一性障
害：学校と医療の連携」『日本医事新報』4521:60-64
3　いのちリスペクト。ホワイトリボン・キャンペー
ン 平成25年度東京都地域自殺対策緊急強化補助
事業「LGBTの学校生活に関する実態調査（2013）」
4　平成28年度よりそいホットライン報告書
5　ReBit出張授業アンケート（2014年）

心の中の偏見と差別意識に気づく
——不安なく自分らしく生き抜くために

フリーランスライター

はちすか　ひろこ
蜂須賀 裕子

　私の姉の長男、つまり私の甥は同性愛者です。

　甥Aは今、40歳を少し過ぎたところ。大学を卒業後、養護学校の教員など経て、2007年、東京都X区議会議員選挙に無所属で立候補しました。同性愛者であることをカミングアウトしての立候補でしたが、あえなく落選。2011年に再チャレンジし、現在、区議会議員2期目を務めています。

　Aが同性愛者であることを私が知ったのは、四半世紀前のこと。彼が高校3年生のときでした。私は40歳。現在のAと同じくらいの年齢です。姉は私に相談事を持ちかけるような雰囲気で、「実は…」とAがゲイであることを打ち明けました。

　息子Aの部屋に掃除機を掛けようと、散乱していた本を片付けていた姉（母親）は、男性と男性が裸でからんでいる写真が載っている雑誌を見つけました。「これは何？」―小さな疑問はどんどん膨らんで不安に変わり、結局、Aを問い詰めてしまいます。すると、彼は思い詰めたような表情で「僕は同性愛者だ」と言ったのです。

　LGBTについて書かれた書籍に寄稿した姉の手記にそのときの心情が綴られています。「一時的なものに決まっている」「必ず治る」「でも、治らなかったらどうしよう」「世間に対して恥ずかしい」という思いで、「深い穴の中に落っこちて行くような」絶望的な心持ちだったといいます。「妊娠しているとき、出産のとき、そして育てているとき、その中のどこかで過ちがあったのではないか」「息子が3歳のときに、彼をひどく傷つけてしまった」ことが原因かと自分自身を責め続けていたのです。義兄（姉の夫）も同様で、自分が男親として至らないところがあったのではないかと己を苛んでいたようです。

　「なぜ、ほかの男の子たちのように自分は女の子に夢中になれないのか、ずっと悩んでいたんだって……」

　打ち明け話を続ける姉はしだいに感情が高ぶってきたのか、小さな子どもが"いやいや"をするように体を揺すって、半ば泣いていました。Aにとっても姉夫婦にとっても突然といえるカミングアウトから半年が経っていました。嘆いたり、怒ったり、罵倒しあったり……この間、Aと姉夫婦のあいだで、さまざまなやりとりがあったことは想像に難くありません。

　「ホモの子を生んだ覚えはないのよ」と言い放った姉に対して、「ホモは差別用語だよ。お母さん、ゲイって言ってよ」と、Aにたしなめられたという話をしたときの姉は、秘密を打ち明けた安堵感からか苦笑いする余裕も出ていました。

　その頃は、今のようにテレビや雑誌などでLGBT（性的少数者）が取り上げられることはありませんでしたから、私もゲイについて

の正しい知識もなければ、関心もありません
でした。思い起こせば、学生の時、男友達か
ら、"ホモ"と噂される英文学の教授に旅行
に誘われ、困っているという相談を受けたこ
とはあります。私は彼に「嫌なら、嫌といえ
ばいいじゃない」と、そっけないアドバイス。
彼の心のうちなどは考えようともしませんで
した。姉に対しても「そうだったんだ」と言
いながら、〈そういえば、カバンを腕にかけ
る所作なんか母である姉そっくり。"女っぽ
い"かも〉なんて考えていました。

　「そういうこともあるよね。そういう人た
ちがいることは知っている。納得はできない
けれど理解はできる。どうせなら女も男も愛
せるバイセクシャルがよかったのに。Ａ君、
恋人を見つけるの大変だね」

　私はどう答えていいかわからず、軽薄な言
葉を返していました。私が彼の母親なら、そ
んな気楽なことは言えなかったと思います
が、私にとって甥がゲイであること、同性愛
者がどういう立場にあるのか、そのことに思
いを馳せることはできなかったのです。

　Ａは姉夫婦の長男。やはり長男の義兄にと
っても義兄の親（Ａの祖父母）にとっても、
いわゆる"跡取り"ということになります。
ですから、姉夫婦は夫の親には、Ａのことは
打ち明けないと決めていたようです。では、
私たちの親には？というと、「どうしようか。
折りを見て、話したほうがいいよね」と、姉。
長女の姉は、昔から親に隠し事ができない質
なのです。ただし、４歳年下のＡの弟に、兄
のセクシュリティについて話すべきか否か悩
んでいるようでした。

　私のきょうだいや親の反応はというと、Ａ
の叔母、つまり私の妹は子持ちの主婦ですが、
それほど驚きませんでした。「ふーん、そう
なんだ」くらいのリアクション。子どもを持

つ母親として、姉の気持ちに寄り添ったのだ
と思います。Ａの祖父母である私の父母は、
驚くというよりは信じられないといったよう
すで、父は「そんなもん、女（恋人）ができ
れば治る」、母は「Ａは、なよなよしている
から、まちがえられるのよ」とトンチンカン
なコメントをしました。私が「ゲイやレズは
治るものではないよ」と言っても、まったく
聞く耳を持ちませんでした。

　後日、姉が次男のＢに、兄が同性愛者だと
いうことを話すと、Ｂは「そんなことだと思
ったよ。ゲイの兄がいる人なんて、あまりい
ないよね」と、けろっとしていたとか。なか
なかできた弟です。

　当時、私がLGBTの人たちについてどんな
イメージを抱いていたのかは、正直よく覚え
ていません。特に「Ｔ」のトランスジェンダ
ー（性同一性障害）については、考えたこと
もなかったと思います。

　仕事の打ち上げで何度か新宿二丁目のゲイ
バーに行ったことがあります。「私は二丁目
で一番厚化粧のオカマよ」という「Ｊ」の"マ
マ"は料理上手で話もおもしろく、「あなた、
本当に色気ないわね」と化粧のしかたから言
葉使いまでレクチャーしてくれました。その
頃の私にとって"二丁目"で飲んでいること、
ゲイの知り合いがいることが一種のステイタ
スだったのかも知れません。ですから、甥の
Ａがゲイだと知ったときも嫌悪感のようなも
のはまったくありませんでした。Ａは女装も
しなければ、"オネエ言葉"も使わないので、
〈なあんだ。オネエ言葉くらい使ってくれれ
ば楽しいのに〉と思ったくらいです。そのく
らいＡはふつうの男の子でした。

　高校時代、Ａは生徒会活動に打ち込んでい
ました。高校２年生のとき、先輩である３年

生の男子を好きになりました。Aは彼が卒業
してしまう前に自分の気持ちを伝えようと、
ある日、思い切って告白。先輩は「僕は君に
恋愛感情は持てないけれど、君はそのままで
いいんじゃない」と……。電車の中でした。
先輩は目の前の座席が空くとそこに座りまし
た。そして、体を縮めて横に詰めると、隣り
に座るようにAに促しました。「うれしかっ
た」とA。私は今でもこの話を思い出すと、
せつなくなります。

　1995年1月、阪神淡路大震災発生。私は震
災後の教育現場やボランティアの人々の取材
のために神戸に通っていました。甥のAは、
カミングアウトによるごたごたで勉強が手に
つかないこともあり、その年の大学受験は諦
めていたようです。「被災地にいっしょに行
っちゃだめ?」と言われ、Aとともに神戸に
行ったのは3月の卒業式シーズンでした。大
阪・梅田から阪神電車に乗ると、神戸に近づ
くにつれ、車窓からブルーシートで覆われた
家々が見えてきます。Aは窓際に立って本を
読んでいましたが、ぽってりとした色白の横
顔をきれいだなと思ったのを覚えています。
　取材先の一つは灘区の学童保育。全壊した
建物にパワーショベルが入った日でした。A
は、指導員や子どもたちが本や玩具を運び出
すのを黙々と手伝っていました。
　国と製薬会社を相手取った薬害エイズ裁判
で闘っていた川田龍平さんが実名公表したの
もちょうど、この頃です。巷ではエイズと同
性愛者について、さまざまな憶測や誤解が飛
び交っていましたが、エイズ裁判が注目され
たことで、正しいエイズの知識だけでなく同
性愛者についての理解も少しは深まったので
はないでしょうか。Aは前年、横浜で開催さ
れた国際エイズ会議にも足を運んでいたよう

です。ちなみに川田さんと甥のAは同い年で
す。

　Aが東京都X区議会議員選挙に初めて立候
補したのは、31歳。2007年のことです。同性
愛者であるということをカミングアウトして
の立候補だったので、ゲイ雑誌など一部のマ
スコミで取り上げられました。この頃は姉が
ゲイの子どもをもつ母親としてセクシャルマ
イノリティに対する理解を深めるために少な
からず活動をしていました。ゲイ関係のネッ
トをたどると、「昆虫顔のマザコン男が立候
補するなんて何を考えてるのかしら。なんか
ウザイわ」などとゲイと思われる投稿者の悪
意いっぱいの書き込みがいくつも見られまし
た。世間から性的マイノリティとひとくくり
にされているからといって、結束がかたいわ
けでも同志というわけでもありません。どこ
の世界にも妬みや嫉みはあるし、相性のよく
ない者もいるのです。
　Aの立候補に対して家族やその周辺の私た
ちの反応もさまざまでした。義兄(Aの父)
は母親である姉のようには割り切ることがで
きず、とまどっているように見えました。叔
母である妹もAの立候補を扱った記事やニュ
ースではゲイということばかりが強調されて
いたため「私の甥だと知られたら、いやだな
あ」と、難色を示していました。彼の祖母で
ある私の母にはAが同性愛者であることを公
表した事実は伏せていたので、母ははりきっ
て選挙ハガキ(選挙運動用ハガキ)の宛て名
書きを手伝っていました。後に母は「(カミ
ングアウトの公表が)お父さんが死んだ後で
よかった」と言いました。
　私は、実はAの立候補のしかたには疑問が
ありました。それは、カミングアウトしたに
もかかわらず、Aは自身が育った市区町村か

らは出馬せず、また、本名ではなくLGBTの活動名を使っての立候補だったからです。なぜ自分自身が暮らしてきた地域から正々堂々と本名で立候補しないのか、理解できませんでした。

活動名での立候補はLGBTの同志たちに対するアピールもあったと思われますが、今思うと、彼の両親や弟、祖父母など周囲の者たちに「迷惑をかけたくない」という気持ちがあったからではないでしょうか。通名での立候補については、選挙委員会で少し問題になりました。が、出版物などに活動名で文章を寄稿するなどしていたことで認められたようです。

私も微力ながら選挙戦の応援をしました。少し前までは花屋だったという小さな選挙事務所にはさまざまな人たちが集まってきました。20代のレズカップル、ミッシェル・フーコーを研究する男子大学生、オネエ言葉を使うマッチョな男性、ジェンダーを研究テーマにしている女子大生、昼間はサラリーマンをしているという超ミニスカートの男性、「通俗作家」という名刺をくれた結婚歴のある男性ライター、ゲイを撮り続けているドキュメンタリー映画の監督、「ゲイ界のジャニーズ」と紹介されたゲイのコミュニケーションの場づくりをしている青年（現在は某区議会議員）、Aに選挙カーの駐車場を提供している女性編集者、そしてAの秘書役でもあるパートナーのB。Bと甥のAは、すでにパートナーとして互いの家族にも認知されていました。

姉いわく「いっしょに生きていくパートナーが見つかってよかった」。姉は地方に住むBの母親が上京すると、息子たちを交えて4人で食事をしたり、姉夫婦の家にBを招いたりしていました。Bが訪れると、Aは下戸なので、義兄はひたすらBと酒を酌み交わして

いるということでした。

Aの選挙事務所にやってくるのは、みな気のいい人たちでした。ただし、意気込みと志は高いのだけれど、選挙の戦い方はまったくわかっていない素人集団でもありました。

選挙活動を通してボランティアの若者たちとつきあうなかで私はLGBTについてさまざまなことを知りました。生まれつきの体の性別と性のアイデンティティ（本人が男性か女性のどちらに同一感をもつか）は同じとは限らないこと、レズやゲイには原則として異性愛のような男役や女役はないこと、性のアイデンティティと服装や髪形や化粧の好みは必ずしも一致しないこと、LGBTの人は小中学校の1クラスに1～2人はいることなど……。サービス精神旺盛の甥のパートナーBは「この年齢で煮物上手のおっかさんよ～」とオネエ言葉でシナをつくってくれましたが、日常の服装も言葉づかいも所作も、心も男性です。いわゆる「ノンケ（異性愛者）」の男性と異なるのは、恋愛感情や性的欲望の対象が女性ではなく男性に向いているというだけなのです。Bは職場でもカミングアウトずみで、しばしば女友達に恋愛における男性心理についてレクチャーしたりもするのだといいます。

「二人で旅行に行くじゃない。で、夜の街をひやかして歩いていると、『いい女（こ）、いますよ』なんて、オトコが声かけてくるの。どっちらけよ」と言うゲイカップルはどちらも大手企業に勤めるサラリーマンでした。

「ゲイに比べると、ビアン（レズ）の場合はどうしても経済的にきびしいの。親元にいれば、『早く結婚しろ』『孫の顔が見たい』なんて言われるし……。だから、男の人と結婚して、子ども生んで、それで外に恋人つくっている人もいますよ」「でも、あたしたち、仕事もがんばる…」と、30歳前後のレズのカ

ップル。

選挙事務所に集まったLGBTの人たちの話から、今の日本の状況ではレズよりもゲイのほうが生きやすい、暮らしやすいということを確信しました（この原稿を書いているときに、結婚歴のある経済評論家の女性がレズの女性と同性愛であることを公表したというニュースが飛び込んできました。日本も変わりつつあります）。ゲイが集う新宿二丁目、カミングアウトして活躍するゲイのタレントの存在などからも、世の中はやはり男性優位だということがいえると思います。

選挙の投票日の前日、集まった仲間たちで駅前まで行進しました。Aは新調したスーツにネクタイ、名前が書かれた襷を斜めがけ。スタッフはおそろいのピンクのジャンパーを着用していましたが、ほかの参加者の装いはさまざま。金髪のウイッグ、ミニのドレス、真っ赤なハイヒール、マニュキュアにつけ睫毛……女装の人たちのカラフルさは周囲の目を引くものでした。つないだ手をゆるやかに振って歩く男性カップル、車椅子の人、見るからにガテン系の男性…そして、中高年の私たち。Aは駅前で「最後のお願い」をしました。Aの隣りに並んだパートナーのBと母親である姉も「お願いします」と声を張り上げていました。Aの父親である義兄も車で駆けつけましたが、結局、最後まで車の中から見守っているだけで、Aのところにはやってきませんでした。〈ゲイの息子をもつ父親の心境は複雑なんだ〉と私は思いました。姉は私にへたな言い訳をしましたが、「男はこうあるべき」「女はこうあるべき」という昔ながらの既成概念は女性より男性のほうが強いのかもしれません。

この原稿を書くにあたって、数人の親たち

に「もし、あなたの子どもが同性愛者だったら？」という質問をしてみました。

「『困ったな』とは思うけれど、私は本人の好きなように生きてほしいと思う。でも、夫は泣きますね。絶対に受け入れない。だって、今から『孫の世話に俺に任せろ』と言っているくらいだから」（50代。中学2年の男子の母親）

「しかたないとは思うけれど、他所には絶対に秘密にします。うちの息子、40代で独身だけれど……。やっぱり困る」（70代。40代の男女の母親）

「娘なら許せるかも知れない。息子だったら殴る……かな。息子の伴侶が男なんて考えただけでも虫酸が走う」（50代。中学1年の男子の父親）

「私はマツコもおもしろいと思うし、新宿二丁目にも行ってみたい。実際にそうなったら悩むと思いますが…。うちは男の子ばかりで孫もいますが、本人の人生ですから。夫は嫌がるでしょうね。ゲイのタレントも毛嫌いしているし、男たるもの、妻を娶って子どもをつくって……というタイプ。団塊世代だけれど、頭の中は明治時代ですね」（60代。20〜30代の男子4人の母親）

翌日、Aの落選が決まり、"お疲れさん会（残念会）"が催されました。そばに座っていた若者たちに「二次会に行きましょう」と誘われ、7〜8人で新宿に繰り出しました。ゲイの集まるクラブのような店でした。夜の新宿通りを横切るとき、両側を歩いていた2人の女性が自然な感じで私の手を取ってくれました。私よりずっと若い女性たちと手をつないで夜の街を走るのは、なかなかいい気持ちでした。

私は30歳のときから今のつれあい（男性です）と同居しています。実は事実婚。これは、生まれてからずっと使っている、ちょっと珍しい姓字を変えたくなかったから。相手が私の姓名を名乗ることにも違和感をもちました。ほとんど思想性はなく、〈子どもができたら、そのときに婚姻届を出せばいいや〉くらいの気持ちでした。

　もちろん、友達や両親、きょうだいには彼を紹介しました。両親は少し驚いたようでしたが、私はすでに家を出ていましたから、事後承諾といった感じです。嫁いでいた姉や妹は、私の結婚にはそれほど関心がなかったようですが、心の中では「だらしがない」「何を考えているのかわからない」と思っていたようです。

　ところが、Aがゲイだとカミングアウトしてから、姉の私に対する扱いが変わりました。姉といっしょにいるときに、ゲイ関係、またはAがゲイだと知っている人に会うと、「妹です。実はこの人、事実婚なんですよ」と紹介するようになったのです。岩手県で小学校の教員をしている私の友人Sからは「きちんと籍を入れないなら、あなたとのおつきあいはやめます」と言われていましたから、姉の豹変ぶりにはいささか驚きました。当時、私は「ご結婚は？」と問われると、「夫はいますけど…」「まだ独身です」「事実婚なんです」という答えをTPOにあわせて使い分けていました。ですから、私のプライバシーを意味なく暴露する姉に対しては少なからず不快感がありました。が、一方で姉がAのカミングアウトをきっかけに社会の制度にとらわれず、私たちカップルのことを認めてくれたのなら、それはありがたいことだとも思っていました。

　数カ月前、ある編集者に誘われて、LGBTの講演会に行きました。タイトルは「LGBTと同性パートナーシップの制度化を考える」です。演者のひとりは、なんと甥のAでした。セクシャルマイノリティの当事者かつX区議会議員としての起用です。Aは簡単な自己紹介の後に「LGBT・同性パートナーが抱える生活の不安・困難」「事例報告」「各自治体の取り組み」「X区の取り組み」などについて語りました。

　講演を聴いて、LGBTの人がありのままの自分を受け入れられないために抱える不安や、親や世間に対する罪悪感は、とうてい私には解らないだろうと思いました。そして差別やいじめ、セクハラなどが不登校や鬱などにつながっていくということは、いまさらながら合点がいきました。

　体育の着替えや恋愛話が嫌で引きこもりになったり、保健室登校になったりする子どもたちもいるといいます。カウンセリングを受けても自分の本当の悩みについては語れないのです。ただし、保健室の本棚にLGBT関係の本を見つけたことがきっかけで養護教員にカミングアウトできたという子どももいるのです。AはLGBTの人はロールモデルが見出しにくく、そのため生き方の指標をもちにくいことも指摘しました。

　Aはさまざまな同性パートナーが抱える困り事を、例を挙げながら解説しましたが、「共同名義でアパートなどが借りられない」「『結婚は？』『子どもは？』などときかれると返答に困る（時にはセクハラまがいのことも）」「配偶者として認められていないので手術など医療処置の同意ができない」「男性として生まれた場合は跡継ぎ問題もある」という項目については、素直にうなずくことはできませんでした。

私とつれあいは婚姻届も公正証書も出さずに、すでに30年以上も賃貸物件でいっしょに暮らしています（ただし、事実婚のため2人の保証人を立てている）。同居当初は、未婚の男女（それも2人とも勤務先のないフリーランス）がアパートを借りるのは本当に大変でした。今ではLGBT向けの住宅ローンもあると聞きますが、当時の未婚カップルの住まい探しは片身が狭かったのです。「結婚は？」「子どもは？」という質問については、のらりくらりとかわしてきました。「子どもはいません」と答えた私に「つくらなかったの？ つくれなかったの？」と追い打ちをかけてくる人もいました。手術など医療処置については、そのとき、すでに私たちが30歳を越えていたこと、東京（都会）に住んでいること、そして、医師と話し合う姿勢をもっていたこともあり、別姓であるにもかかわらず、「この人が配偶者です」で押し通してきました。

ちなみにAが最後に挙げた跡継ぎ問題については、なぜ困り事として掲げられているのか正直よく解りません。Aは男の孫が2人だけしかいない女系家族の母親の実家（私の実家でもある）を自分が継がなければいけないと考えていたようですが、これは責任感というより古い因習にとらわれているとしか思えない。一種の男女差別ともいえます。

これらの同性パートナーが抱える困り事は、結婚という法的制度が適用されれば、ほとんどが解決できる問題です。姓名を変えたくないという理由で婚姻届けを出さない私たちカップルとは異なり、婚姻自体が認められないLGBTのカップルたちにとって、同性婚が認められることは社会の差別や偏見を払拭するための大きな突破口になるはずです。さまざまな性があるということを社会に認めてもらうためにも法や制度を変える必要があると思います。

ただし、そのときに、婚姻という枠内では解決できない人種や障害者、高齢者の問題もいっしょに考えていかねばなりません。超高齢社会の日本では、今後、自宅を持たない高齢者が部屋を借りるのは、より困難になりそうです。医療処置の同意者がいない独り暮らしの高齢者も増えると思われます。これは障害者、外国人についても同様のことです。

「（区議会議員として）マイノリティを支援するだけでなく、マジョリティとマイノリティの垣根をなくしていきたい」と、Aは語っています。しかし、人は一人ひとり違うのが当たり前。また、人は誰しも多面的です。一人の人間の中にマジョリティの部分もあれば、マイノリティの部分もあるはず。だから、人は自分たちと異なるマイノリティの部分（人）を見つけると、それを排除したり、差別したりするのではないでしょうか。

そういえば、Aの母親である姉に「子どものいないあなたには解らないわよ」と言われたことが何度かあります。私自身は別に傷ついたりはしませんでしたが、私に代わって友達が「ひどい！ 子どもがほしくてもできない人もいるのよ。LGBTの活動をしているお姉さんがそんなことを言うなんて」と憤ってくれました。何げない言動が人を傷つけることもあるのです。これはLGBTの人たちには言わずもがなですが、その人が弱者（マイノリティ）である場合は、特に言動には気をつけなければなりません。もちろん双方に信頼関係があれば、言葉尻を捕らえて「セクハラだ」「差別だ」などと揉めたりはしないでしょう。

前述した岩手県で小学校の教員をしていたSとは、私が事実婚を貫いているにもかかわらず、今も友達です。先日、「高校に入学するという教え子が泊まりがけで遊びに来たの

だけれど、困っちゃった」という電話をもらいました。小学校で教えていた、なかよし二人組のN子とK子——女の子が2人で来ると思っていたら、N子がN男になっていたというのです。S先生が何に困ったかというと、「同じ部屋に床をとってもいいかどうか」。「だって、男と女だよ」とS。結局、2人はS先生を挟んで川の字で寝たといいます。Sとは事実婚や夫婦別姓についていろいろ話し合いました。今では「いろいろな考え方や事情があるよね」と私のつれあいとも親しくしています。

「N子たちが来る数日前、テレビでLGBTのことを特集していたの。それを観て、そういう人もいるんだって。そのテレビを観てなかったら、N子に対する私の対応は変わっていたと思う。何事も、知らないのはよくないね」と、Sはほっとしたようすで話を締めました。

他人の立場に立って考えるのは、けっこう難しい。私たちに必要なのは、想像力と知ろうとする努力——これがなければ、他者のことを理解することはできない。人は、顔も体つきも考え方も感じ方もそれぞれ違います。みなマイノリティということもできます。マジョリティはマイノリティの集合体だと思うのです。Aが区議会議員として本領を発揮するのはこれからでしょう。

LGBTの人が自らの性的指向を表明することをカミングアウトといいますが、LGBTの人に限らず自分の出生の秘密などを語るのは、その人に自分をもっと知ってほしいという気持ちが出発点だと思います。知ってほしい相手は、たったひとりのこともあれば、数人の友達たちのことも、地球上のすべての人の場合もあります。

何人かの人に「あなたの周りにLGBTの人はいますか」と聞くと、ほとんどの人が「テレビでは知っているけど…」「いない」と答えます。しかし、調査データを示すまでもなく、実は周囲にLGBTの人はいるのです。だからといって、LGBTの人たちがみなカミングアウトしたいのかといえば、それは違います。したい人もしたくない人もいる——もしかしたら、あなただけには知られたくないのかも知れません。もちろん、こちらが相手のサインに気がつかないこともあります。

私の仕事仲間にレズの人がいますが、その人は友達にはカミングアウトしているのに家族にはいまだ、その事実を隠しています。彼女いわく「そのほうが平和だから…」。昨年から彼女は恋人と"ルームシェア"を始めました。周囲の反応は「よかったね」「楽しいでしょう」です。

いつ誰にカミングアウトするかは本人が決めることです。ですから、カミングアウトされたからといって、そのことを誰彼なく触れ回る（アウティングといいます）ようなことはしてはいけない。これは性的指向に限ったことではないと思います。人によって感じ方は異なりますが、それは出生、結婚や出産、子どもの有無、身体的特徴などその人のプライバシーに関する事柄すべてです。

介護ヘルパー（訪問介護員）をしている知人は、サービスを提供している家でさまざまなことを見聞きします。あるとき、独り暮らしの70代の女性から「私は同性愛者なのよ」という事実を明かされました。入浴や着替えの手伝いをしていた知人は〈私も女だから…〉と一瞬ぎょっとしましたが、その女性は「男性が怖い」というのです。それを聞いた知人は彼女のそれまでの不可解な言動がすべて理解できたそうです。男性の医師やヘルパーが測ると血圧が180mmHgを越えてしまった

り、男性が差し出すコップや薬をかたくなに受け取らなかったり……。入浴時、バスタブから手を出して、そばで見守る知人の手をずっと握っていることもありました。知人は「男性恐怖症といったほうがいいかもね。でも、カミンクアウトしてくれたので、介護がしやすくなった」といいます。

カミングアウトにからんで、自分の意志を伝えるという観点からいえば、私たちは老いや病などで判断能力がなくなったり意思表示ができなくなったりしたときのために、延命処置や相続、死後処理、そして誰にどこで介護してもらいたいかなどを今のうちから然るべき人に託しておく必要がありそうです。

私は私、あなたはあなた——性的アイデンティティ、性的指向は100人の人間がいたら100通りあるはずです。多様な性を考えるこ

と、受け入れることは私たちの最も身近にある人権問題といえます。LGBTについて知り、考えることが男女差別をはじめ、人種、障害者、高齢者などへのさまざまな差別や偏見を考え直すきっかけになればいいと思います。

注）本稿には差別や偏見と思われる言葉づかいや物言いがあるかもしれません。私自身が気づいていない偏見なども潜んでいると思います。LGBTをはじめとする差別と偏見の問題は私のなかで"現在進行中"です。ずっと考え続けていかなければならない問題だと思っています。現在の私の率直な考えを記しました。

プロフィール

1953年東京生まれ。編集者を経てフリーランスライターに。人物インタビューを基軸としたルポルタージュを手掛ける。著書に『「終活」としての在宅医療』（かもがわ出版）、『農業で子どもの心を耕す』（子どもの未来社）、『脳を元気に保つ暮らし方』（大月書店）、『車椅子インストラクターという仕事』（はる書房）、『川田龍平いのちを語る』（明石書店、編集協力）ほか。

集団予防接種
——学校は予防接種の会場ではない

高嶋 幸子　公立高等学校養護教諭

学校の役割は教育と人権尊重

　学校には「無言の強制力」があります。インフルエンザ流行の時期になると、「部活動や塾で忙しくて（予防接種を受けに）病院に行けないから、インフルエンザの予防接種を学校でやってくれたらいいのに」という声が聞こえてきます。

　なかには、教員からも「仕事が忙しくて病院に行けないから」という声が聞こえてきます。現在でもごく少数ですが、学校を接種会場にして、インフルエンザの予防接種を学校医が行なっているところもあるそうです。

　それなら、うちの学校でもやればいいんじゃないの…？

　ちょっと待ってください！　学校で予防接種をすることを、そんなに安易に考えないでいただきたいのです。

　学校での予防接種は、「集団接種」となります。法律でも予防接種は個別に受けることが原則で、学校での予防接種は特殊なケースなのです。私たち養護教諭は、こうした声に対して、健康と教育の専門的立場から子どもの安全を守っていく必要があります。

　学校は、言うまでもなく「病院」ではありません。「教育」の場です。

　病院がない地域では、集団が収容できる場として学校が会場になるのもやむを得ないかもしれませんが、現代の日本では、そうしたところはごくわずかでしょう。そのような地域で行なう場合も、緊急事態に備えて医療機器の準備は必要です。

　今から20年ほど前の1995年頃までは、学校で集団予防接種が行なわれていました。その当時、小中学校では、インフルエンザ、ツベルクリン反応陰性者にBCG（結核）、小学校では二種混合2期（破傷風、ジフテリア）、中学校で風疹などの予防接種が行なわれていました。

　学校が会場になっていた時代は、親も教員も世論も「予防接種は学校の仕事」と錯覚していました。養護教諭ですらそうだったと思います。「養護教諭の仕事」について書かれた本にも、「予防接種」とはっきり記載されていたくらいです（『保健師・助産師・養護教諭になるには』ぺりかん社　2003年）。

しかし、予防接種に関する業務は教員の「本務」ではありません。予防接種の実施主体は区市町村です。

そして忘れてならないのは、「予防接種は万能ではない」ということです。「予防接種さえしていれば、絶対病気にかからない」と、多くの人が誤解しています。

しかし体質によって、予防接種をしても抗体ができない人もいますし、抗体ができても、ときどき病原にさらされる「ブースター効果」がなければ、「抗体は出番なし」ということで消えていってしまいます。

また、重篤な副作用が出ることもあります。1970年代からは、予防接種をめぐって裁判も起こり、安全性や有効性、必要性について見直され、1995年から法律が改正されました。その後、集団接種ではなく個別接種が原則になり、「義務」から「努力義務」に変わりました。

法改正により、法で定められた予防接種（定期接種といいます）を就学前にほぼすませるように設定されたのは、予防接種が「学校の仕事ではない」ことが明確になる効果はあったと思います。また、持病や先天性の障害等により免疫力が低い子ども以外は、小学生以上になると抵抗力も高くなり、予防接種なしでも大事なくしのげるようになっていきます。抵抗力の弱い乳幼児の時に、予防接種で病気を防ごうとするのは意味があるとする意見もわかります。

学校は、多様性を認め、人権を守らなければならない

「新型インフルエンザがパンデミックのおそれあり」と厳戒態勢がしかれていた2009年頃、国内でも流行の初期に中学生、高校生が感染しました。その際、その子どもが通う学校の生徒に誹謗中傷などの人権侵害があったことをご記憶の方も多いでしょう。許されないことです（結局、あれほど大騒ぎした新型インフルエンザは、季節性のH1N1のマイナーチェンジに過ぎず、強毒性のH5N1はパンデミックを起こしていません。騒ぎは立ち消えになっています）。

学校は、教科はもちろん、人権尊重を教え、実践する場です。感染症など、誰から誰にうつったかはプライバシーに関わることですし、性感染症以外では相手を特定できるものではありません。また、妊娠可能年齢の女子対象のワクチンでは、予診票に妊娠しているかどうかという設問が必ずありますが、とてもデリケートな設問です。集団（学校など）では、プライバシーが守られにくい状況になります。

もし、予防接種を学校で行なっていた場合、「受けるのが当然」という空気（同調圧力）があったとしたら……接種を希望しない女子生徒の場合、「妊娠しているから受けないんじゃないの」とあらぬ噂が立つ可能性もゼロとは言えません。学生であっても、母になることを選び出産する人もいますが、その場合、接種について慎重に医師と相談する必要があり、学校での接種は適さないでしょう。

そもそも、病気にかかることは悪いことなのでしょうか？

感染症対策では「撲滅」「排除」という言葉が使われがちですが、病気は「悪」ではありません。社会は、単純な勧善懲悪が通用するものではないでしょう。

「何かを悪とし、敵に仕立て上げて攻撃する、排除する考え方」は、教育的でしょうか？異質なものを排除する思考につながるのではないでしょうか？　多様性を認める方向に向かっている現在とは逆行していると言えます。

「予防接種をみんなが受けて病気を防ごう」という考え方も、やがて「予防接種は受けなくてはいけないもの」という同調圧力になり、病気にかかった人が出た時には、「予防接種を受けていない人が悪い」と個人攻撃（自己責任として）してしまうことにつながるのです。そうなると、体調不良を隠して無理をして受けてしまう生徒も出て、副作用の被害が増える可能性が高くなってしまうでしょう。

赤ちゃんから小学校入学前までに行なわれる予防接種は、最近どんどん増えています。同時に何種類ものワクチンを打つことも行なわれていますが、本能的に「こんな小さな赤ちゃんに何種類ものワクチンを打って、大丈夫なのだろうか」と感じ、疑問をもつ人も多くなっています。それぞれ勉強して、「受けない」ことを選択する人も増えています。

体質で予防接種を受けられない人もいるし、「受けない主義」の人もいます。

ワクチンは"劇薬"です。"劇薬"を体内に入れる行為には慎重になるべきです。忙しさを理由に、大事な子どものからだへの影響が後回しになっていいのでしょうか。

「学校での集団接種」には、そうした無言の強制力、圧力があることを忘れてはいけないと思います。

予防接種については、専門家の間でも賛否あります。

副作用の情報はまったくと言ってよいほど報道されませんが、重篤な症状や死亡も確かにあるのです。一般に流布されている情報は偏っていると言えます。

予防接種について語るとき、推進派の医療関係者はメリットしか語らず、副作用の情報（デメリット）にはふれません。集団の同調圧力や人権尊重という教育的な視点は、決定的に欠けています。

「予防接種さえ受けていれば、こんなひどい病気にかからなかったのに」とよく言いますが、予防接種で被害にあわれた方は、「予防接種さえ受けなければ、こんなにひどい副作用に苦しまずにすんだのに」と言われます（最近では子宮頸がん予防接種など）。

予防接種は、リスクとベネフィット、メリットとデメリットを秤にかけて、一人ひとりが納得して受けるのが望ましいあり方です。

思考停止状態で、「受けるように言われたから受ける」「みんなが受けているから受ける」のでは、副反応で被害を受けた際に、悔やんでも悔やみきれません。

推進派、慎重派、反対派それぞれの意見に耳を傾け、各自で納得して選択する力をつけることが、「教育」の重要な役割ではないでしょうか。

予防接種は医療行為であり、学校は会場に適さない

予防接種後は、30分から1時間は安静にして経過を観察する必要があります。

それなのにいつもの学校で実施したのでは、子どもたちは忙しいので、部活だ補習だ委員会だと、あれこれと動き回ってしまうでしょう。安静にするように指導しても、教員数人では集団の子どもたちに徹底できるものではありません。そんな指導までして子どもの安全を守るのは責任も重く負担が大きく、教員にとって明らかに本務外です。

万が一、学校での集団予防接種でアナフィラキシーショックなどの重篤な副反応が起きた際には、責任問題になります。なぜ法律に反して学校で実施したのか、会場使用を認めた学校の設置者の責任、医療機関でやるべき予防接種を学校で行なった自治体の責任になります。実際に接種を行なう医師も、接種会場についてシビアになるべきです。

「予防接種ガイドライン」には、予防接種後に起こりうる重篤な副反応として次のように示されています。

> 「嘔吐，蕁麻疹，自律神経性ショック，アナフィラキシーショック，けいれん等がある。その処置は，一般の救急治療に準じて行うので救急医療品セット，気道確保に必要な器具一式，酸素吸入用具等の準備が必要であり，最低限の物は接種施設に備えて置くことが必要である。」

学校が予防接種の会場になっている例は現在ほとんどないと思われます。しかし、時々出てくる冒頭のような要望に対して、学校が予防接種をすべきでない理由を今一度確認しておき、安易に引き受けることのないようにしたいものです。

`case study`
島しょ地域で学校が集団予防接種会場になっていたのを変更させた

筆者の勤務する公立高校は、ここ数年、秋に実施される日本脳炎予防接種の集団接種会場となっていました。これは由々しきことでした。前任の養護教諭も、校長もその問題性はわかっていましたが、問題としていくタイミングがつかめなかったとのことです。私は当校に異動で赴任した際、養護教諭が交代したこの年が絶好のチャンス！と、身の引き締まる思いで取り組みました。

4、5月：教職員の理解と同意を得る、校長に相談し、対策を立てる。

7月：校長と打ち合わせ。

8月：区市町村担当者から養護教諭あてに依頼の電話。管理職と相談してから返答すると伝え、いったん電話を切る。校長に報告。校長が担当者に電話し、役場へ訪問して説得。学校を会場にしないことになった。

取り組みのポイント

①現状を把握し対策を立てる

　前任者から、いつ頃どのように学校へ依頼がくるのか聞き、対策を立てました。予防接種の実施時期は幸い年度初めのあわただしい時期ではなかったため、4か月ほど準備期間がありました。過去に該当学年を担任したことがある教員から、実務はどうだったか、教育活動へ与えた影響はどうだったかなどについて聞き取ると、役場から担任への依頼事項は年々増えており、負担も大きいことがわかりました。

②他の島しょの状況のリサーチ

　もちろん、学校を会場にしているところは皆無でした。

③教職員に周知し理解を得る

　教職員の間でも、学校が会場になっていることは一部しか知らなかったのです。皆さん忙しいので該当学年でないと記憶に残りません。そこで同じ分掌、該当学年主任、労働組合のまとめ役の教員にていねいに説明し、学校を会場にしない旨に理解と同意を得ました。

④問題点を文書にまとめ、校長に相談、区市町村との交渉を依頼

　【重点】

　　・生徒を守る（安全、人権）

　　・教職員の本務外業務であること

　　・会場使用によって教育活動が制限されること

　　・事故が起きた時の責任の所在

　　・区市町村の業務との明確な区分

　　・見通し（このまま看過すると、あと7年も継続することになる）

　特に「生徒を守る」点については安全面、人権尊重の面から詳しく訴えました。アナフィラキシーの既往がありエピペン®を処方されている生徒もいたこと、日本脳炎のワクチンは安全性の点から過去に接種が見合わせられていたこともあり、より強い説得ができました。

〈参考〉
『予防接種ガイドライン』（財）予防接種リサーチセンター　1994年作製　2005年改変
＊予防接種についておすすめの本——最近もどんどん出ています。
　・『改訂版　もうワクチンはやめなさい　予防接種を打つ前に知っておきたい33の真実』母里啓子著　双葉社　2017年
　・『ワクチン副作用の恐怖』近藤誠著　文藝春秋　2017年
　・『病気にならない暮らし事典—自然派医師が実践する76の工夫』本間真二郎著　セブン＆アイ出版　2016年
　・『新・予防接種へ行く前に』ワクチントーク編　ジャパンマシニスト社　2011年
　・『まちがいだらけの予防接種—子どもを愛するすべての両親へ—』藤井俊介著　さいろ社　2003年

今こそ見つめなおしたい養護教諭の原点
——養護教諭が歩むひとすじの道

欲しがりません勝つまでは

鈴木 裕子　国士舘大学文学部教育学科教授　元養護教諭

これまでのあらすじ

　昭和のはじめ、学校看護婦は全国に少しずつ増えていきましたが、その採用の形態は地域や学校によって異なり、公的に身分が定められていませんでした。そのため複数校の掛け持ちや日給制の雇用をはじめ、待遇も呼び名もさまざま、学校で差別的な扱いを受けることも数え切れませんでした。そんな中、東京の学校衛生婦・森川初枝らが呼びかけ人となって組織を立ち上げ、職制運動が始まりました。

　中心メンバーは勤務終了後、夜遅くまで千葉たつ・関口フミの勤務校で対策を練り、趣意書や資料をつくっては関係者への働きかけに奔走。全国の学校看護婦の熱い支援や熱心な協力者の力を得て、帝国議会に請願書を提出しました。ときには議員宅のある閑静な邸宅街で犬に吠えたてられ、ときには会食を兼ねた懇談会にかなりの身銭を切り、しまいには「官邸荒らし」との異名をつけられながら大臣への直訴も敢行。しかし「いよいよ発令」と報道された勅令案は何度も棚上げになってしまいます。その背景には、学校看護婦を文部省単独の管理下に置くことへの厚生省の反発や、「衛生養護のしごとは教育なのか」とする法制局の疑問の声もありました。

　帝国議会での3時間に及ぶ追及を経て、ついに念願の職制が「国民学校令」の条文のなかに養護訓導という教育職員として位置づけられたのは1941（昭和16）年。運動開始から数えると、のべ14年もの年月が流れていました。

教育職員としての新しい門出のとき

　国民学校令のなかに養護訓導の職制が位置づけられた1941（昭和16）年は、その前年に結ばれた日独伊3国同盟を背景に、日本がますます強硬な対外政策を推し進めた年でもあります。国民学校令第一条には、この勅令の目的を「皇国の道に則りて初等普通教育を施し国民の基礎的錬成を為す」と示しています。「皇国」とは当時「人の姿をした神」とされた天皇が治める国のことです。国民学校令施行規則には、「教育に関する勅語の旨趣（ママ）を奉体し……特に国体に対する信念を深からむべし」とあります。これは、天皇のために身命を捧げる国民を錬磨（練り上げ）育成し、「八紘一宇」（世界中を日本のものにするという侵略戦争の思想）を肯定する教育を推進するものでした。

　一方で学問・思想に対す統制が強まり、多数の文化人、教育関係者が検挙されました。

国の方針に誰ひとり逆らえない挙国一致の体制が着々と築き上げられていきました。

　国民学校令公布を受けて、全国各地の学校看護婦は、喜びとともに身の引き締まる責務を感じていました。

　　「十幾年間私は一途にこの日の来るのを待ちこがれていたのです。国の温かい親心によって、こうして『養護訓導』としての聖職が設けられましたということは、我が国、国民教育史上に画期的な出来事として衷心より喜びを感ずるのであります……ひるがえって静かに考えます時、私共に負わされた任務は今後一層重くなったことを覚悟せねばならぬのであります。……非常時国家の安危を一身に背負うて東亜新秩序の建設より世界平和の建設に向かって第一線に立たねばならぬ少国民（児童）を健全なる身体の持主となし、皇国民としての健全なる精神の持主としてその一番の基礎を築きあげねばならぬまことに重大なる責任のあることを痛感するのであります」（門司市　北川ヨシ）

　　「2月22日新聞にて国民学校令の記事を読みましたところ、うれしや養護訓導という名前がことさらに目新しく感じられました。息もつかずに反復熟読いたしました。思わず夢ではないかと感激いたしました。私の喜びと同時に全国幾千の同僚の喜び如何ばかりやと存じました。……いずれにいたしましても、要するに健康への教育者として恥ずかしくないだけの素養が必要ではないかと存じます。それを思う時、自らを反省して今一度新しく立ち直って大御心に添い奉るべく心構えも養成しなくてはならぬかと思います。」（唐津市　小宮ヤエ）

　　「……学校衛生の分野が過去のそれに比して多角的に拡大強化された点は特に私達の意を強くするところであります。……私達は心からなる喜びを感ずるとともに、将来への覚悟を打建てることが必然的事項となって表れます。……『自分達は立派な皇国臣民となって大君のために、祖国のためには心身共に健康でなくてはならぬ』この自覚を児童に直接に浸透せしめて行かなくてはならない。」（福井市　見奈美友枝）

　　　　　　　　　　　　　　　　　　　　（いずれも「学童の保健」[(1)] より抜粋）

　この新しい養護訓導制度の発足に伴い、国民学校令施行規則およびその後の通知等で資格についても定められました。養護訓導免許を授与するために、一定の条件を満たす者への試験検定、検定準備のための講習会、養成機関設置も相次いで行なわれました。その特徴は、これまでの学校看護婦のような看護婦免許状所有者だけでなく、高等女学校を卒業し養成機関で学ぶことにより免許状を取得できる画期的な制度ができたことです。また講習会用に「養護訓導精義」などの書籍が複数発行されました。養護訓導として改めて雇用されると、呼び名が「先生」に変わりました。

　そしてこの年（1941年＝昭和16年）の12月8日、とうとう日本軍はハワイ真珠湾を奇襲攻撃し、アメリカ・イギリスに宣戦布告し、アジア太平洋戦争に突入することになります。

　　「12月8日　月曜日　曇　第一時行動訓話、英霊御出迎え。父兄会第二日。この日、米・英に向い宣戦の詔勅が下される。ラジオの前は行き詰まる思いで一杯だ。何かしら身内の異常な緊張を覚ゆる。校長先生のお話は会場を理科室に移して重大なニュースの場合は一同で聞くことにする。たちまち快勝の報に一同大喜び。今さらながら世界にはっきり日本

の無敵海軍が浮かび上がる。私たちも本当にしっかりやらねばならぬ。」（長野県松代小学校衛生日誌）[2]

　翌1942（昭和17）年には文部大臣から「養護訓導執務要項」が出されました。学校看護婦時代の「教職員の職務を補助」が「常に他の職員と十分な連携を図る」となり、また「学校長、学校医その他関係職員の指揮を受け……」が、「医務に関して学校医、学校歯科医の指導を受ける」だけになり、養護訓導の自律性が高まりました。

　1943（昭和18）年には国民学校令が改正され、国民学校には必ず養護訓導を置くことになりました。一般の訓導と同等に、給与に国庫補助が受けられるようにもなりました。

　長きにわたった職制制定運動の労苦が報われたことへの喜び、そして現在、私たちが養護教諭として存在できるのは、この国民学校令あればこそ、と思うと、感無量の思いがあります。

　しかしとらえ方によっては、身分確立を求めた学校看護婦たちの熱い思いを受け止めたかたちをとり、養護訓導という教育職に位置づけ、その職務遂行を鼓舞することにより、当時の国策に利用されてしまった可能性も否めません。

　ここに紹介した養護訓導（学校看護婦）の手記に記された「皇国民育成」への情熱が、彼女たちの心底からのものだったのか、そう言わざるを得ない時代だったからなのか、今となってはわかりません。でも子どもたちのために力を尽くす養護教諭の姿勢はいつの時代も変わっていないことがここから読み取れます。そしてこの時代を振り返りながら思うことは、私たちは次々と伝達される新しい施策に対応し求められる役割を果たすことに翻弄されるばかりでなく、ときには立ち止まって自らの立ち位置を確かめることの大切さです。社会の動きを見きわめ、私たちは何を求めていくのか、主体的に考え意志を持って行動する自律性（オートノミー）が専門職には必要です。

　また、職名として「養護」ということばを採用した理由のひとつに、厚生省や法制局に対して学校衛生が教育の範疇であることを強調し、衛生訓練、身体虚弱者対策などを皇国の道の修練を行なう学校教育にとりこむ意図があったと考えられます。「養護」は教育の３方法の一つとして明治時代に日本に紹介されましたが、「国民学校令施行規則」第一条の四では「心身を一体として教育し、教授、訓練、養護の分離を避くべし」と掲げられました。さらには関係者が「児童の衛生養護は純然たる学校教育の内容」[3]「養護は学校教育そのものである」[4]などと解説を加えました。私たちが「養護」の意味を考えるときの拠り所となるものが、ここにあるのは皮肉なことです。

戦時下の養護訓導たち

　せっかく養護訓導が必置になったにもかかわらず、その数はまったく足りませんでした。国庫補助金による養成講習会が開かれ、学校看護婦・養護婦から養護訓導への切り替えも進められましたが、日増しに悪化する戦局を受け、戦地に従軍看護婦として召集

を受ける学校看護婦も多く、なかなか増員にはつながりませんでした。1945（昭和20）年度の国民学校数2万1,000校に対し、養護訓導数は1,750名だったそうです[5]。そのため国民学校令には附則として「当分の間置かざることを得」という項が加筆されました。これが70年後の現在、いまだ学校教育法の規定に生き残っているなんて信じられません。

戦争も末期になると、日を追うごとに生活物資は不足し、食料や衣類も切符による配給制になりました。また、学童疎開も始まりました。その頃の養護訓導の手記もたくさん残されています。

「1941（昭和16）年6月、私の勤務する忍岡国民学校で東北部隊の編成が行われた。児童は教室に罐詰で一歩も外に出られない。……小雨降る午後、喀血した兵が保健室ベッドに寝かされる。顔面蒼白で手も顔も血液でベットリ。私は夢中で清拭し手近な布袋に砂場で砂嚢を作り胸部にのせ安静をはかる。2時間ほど睡眠した後、『自分は今日お召しにより入隊しました。このたびの大君のお召しは最高の名誉であります。何としても戦地に行きたい』……10時を過ぎた頃、軍医さんがもどり、ご自分の将校マントを脱ぎ、兵の肩にかけ、校庭を横切り自動車に乗せてゆく。私は急ぎ支度をして終電で帰宅する。……この部隊は南方（ガダルカナル）方面に行って、再び日本の土はふまなかった。」（東京都　鈴木芳子）[6]

「1943（昭和18）年の中頃になると、ぽつぽつ物資も少なくなってきた。給食用の蛋白源に5年生、6年生を動員してイナゴとりをやったことがある。イナゴをとってきて一晩袋に入れたままにして糞を出させ、それをきれいに洗って熱湯をかけると羽が取れて赤くえびのようになる。それを砂糖と醤油でからりと佃煮にすると、小鮒のようでおいしいものである。……そうこうするうち空襲が始まった。集団生活は危険だと、児童はあちらの神社、こちらのお寺というように18カ所にも分かれて授業が始まった。授業といっても雨の日ぐらいで、天気の良い日は甘藷を作るための畑仕事である。3キロもある遠い畑にしかも炎暑の中を毎日泥と汗にまみれ、あのころを思うと子供たちの手でよくあんな仕事ができたと感心する。」（熊本県　中島キクメ）[7]

「児童達小学3年生以上は教師が付き添って、近県のお寺や温泉地に疎開が強いられ、いつ果つるともわからない期間を預けられた。食料の確保・配慮から、のみ・しらみなどの処理、毎日の検温、睡眠、健康の観察など大人達は個人の生活はほとんどなく、特に私は分散している各寮をかけ持ちで巡回し、児童たちの健康状態の観察と指導に明けくれる日々であった。3年生のお寺でのこと。ある日の午前10時頃になると一斉に畳に耳を当て、寝そべるような動作を始めた。『どうしたの』と聞いても誰も黙っている。そこで私達もおなじように畳に耳を当ててみると、かすかに列車の走るレールの音が聞こえてきた。ああこれは児童が家に帰りたいのだという思いがわかり、大人たちも心を痛め胸がいっぱいになった。」（東京都　柴崎アキ）[6]

「1944（昭和19）年7月18日、私は東京都芝区立赤羽国民学校の子どもたちとともに、指定された強制疎開地塩原温泉に向かった。……共同生活はほとんど麦ばかりの御飯と、きゅうりとかぼちゃの塩汁の食事から始まった。暑いまっさかりのうえに、極度の食糧不足の中に放り出された子どもたちは、やがて顔がむくみ、お腹が突き出る栄養失調の様相を呈し始めるには、それからいくらも日数はいらなかった。親恋しさに夜中に逃げ出した

子供を総出でさがしあてた頃はまだ元気があったが、中会津屋の70段の階段が上り下りも容易にできなくなった頃は、戸外の体操もできなくなって、もっぱら室内授業になった。こんな時でも子どもたちは『欲しがりません勝つまでは』を繰り返して、お互いに頑張っていた。」（東京都　千葉千代世）(7)

　次は養護訓導の手記ではありませんが、養護教諭としては当時のこんな記録も気になります。戦争中は、人権は完全に無視され耐えるしかなかったのかと思うと胸が痛みます。
　　「5、6年当時の彼女にとって、昼休みの全校一斉の乾布摩擦は、耐え難い屈辱と悲しみの毎日であった。『男尊女卑が大手をふってまかりとおり、女の恥はわいせつなもの、不浄なものとみなされていた当時のこと……級友と見比べて大きめの自分の乳房が恥のかたまりに見え、まるで罪でも犯しているような不安におびやかされていました。なんとか、乳房が小さくなるようにと、……さらしの布を胸に巻きつけてやすんだり……腋毛を毛抜きで抜きとったり……毎日毎日、自分の胸のふくらみを人前にさらけ出すしゅう恥にまみれながら……それでも必死で、肩をこごめるようにしてかばい……びくびくおびえていた屈辱の日々』」(8)

敗戦とGHQによる占領

　1945（昭和20）年8月6日、とうとう広島に原爆が投下されます。当時、広島赤十字病院の看護学生（2年生）としてその瞬間に立ち会った養護教諭の記録です。
　　「夜勤を終えて朝食をすませ、食堂から出ようとしたその瞬間である。音もなく背後から一瞬の閃光がひらめいた。"空襲だ"ととっさに感じたところまで記憶しているが……どのくらいの時間の経過があったのか、ふと気がついた。元いたところから数メートル離れたところで木材の下敷きになって身動きのできない状態であった。まわりはもうもうとした土煙が立ちこめているようで、その中に鉄骨のみが無気味に肌を現し、壁も扉もあらゆるものが吹っ飛び、崩れ落ちた木材の下に1年生の塚本さんが下敷きになり血を流しながら泣いていた。……1階ロビーは足の踏み場がないほどに、黒く焼けた顔に唇が腫れあがり、衣服はボロボロの筆舌にあらわしようのない人々でいっぱいだった。まさに生地獄……」（広島県　田辺智恵美）(7)

　帝国議会議員として学校看護婦に深い理解を示し、職制制定に尽力くださった大塚惟精氏は赴任先の広島でこの原爆に遭遇、ご一家全員が被爆死されたといいます(9)。
　そして終戦。学校では、この日（8月15日）をどのように迎えたのでしょうか。手記をさらにたどっていきます。
　　「夏休みも返上された8月15日の朝、『重大な発表があるから校庭に全員整列させ、体の弱い生徒は不敬に至っては申し訳ないから廊下に座らせよ』との校長の言葉。ほとんどが疎開児でしたが、校長の言う体の弱い生徒24名ほどを二列横隊に座らせ、私はその前に正座して敗戦の詔書を涙して拝聴しました。」（東京都　渡辺ミヤ子）(7)
　　「昭和20年8月15日、私には暗い想い出多い日々であった。勤務校は師範学校付属女子部

で……高等部の生徒と勤労奉仕に行き学校に帰ったが、職員室の空気が重苦しいので、同僚に言葉をかけ聞いた。「戦争は終わったのよ」私は声も出ず、用務員室にゆき、手・足を洗い、一呼吸をして実感がわき、涙があふれ、自分の席で心を静めた。明日からどうなる。職員会議が開かれ、また驚いた。学校長が戦犯として公職を去ることになったという。私は『どうして』と大きな声をだし、教頭より説明を聞いた。……訓導になるのだと試験を受け合格した時は、一番喜んでくださったのも校長であった。」(札幌市　佐々木ふさ)[10]

　「群馬県高崎市の市立東国民学校の代用教員であった永井健児は『あゝ国民学校』(朝日新聞社刊)に次のように書いている。『……やはり降伏……。やがて玉音放送が流れ、次は『ポツダム宣言』について説明があった。俺は昨夜あたりから何か夢でも見ているようだ。……夕方学校へ行く。停電で暗い。大勢の職員が来ており、炊事場の炉で焚火をして湯をわかしている。宿直室の隅に積んである布団にもたれ、女の先生が泣いていた。黒く丸まった背中で焔の影が揺れ動く。口をきく者はなく。おえつだけが聞こえてくる。』」[11]

　こうしてアジア太平洋戦争は終わりを迎えました。日本だけに限っても1937(昭和12)年7月の盧溝橋事件から始まった日中戦争以降の戦闘員の死者は約233万人、国民の死者は約65万人、家を失ったのは日本の全人口の8分の1にあたる900万人にのぼると言われます。

　1945(昭和20)年8月30日、ポツダム宣言に基づき、日本を占領するため連合国軍最高司令官マッカーサーが神奈川県の厚木飛行場に降り立ちました。このときからアメリカ軍が日本に進駐し、1952(昭和27)年4月28日にサンフランシスコ平和条約の発効により独立するまで日本は占領下に置かれることになります。連合国軍総司令令部(GHQ)は東京・千代田区の第一生命本社ビルに置かれ、戦後日本の大規模な改革(いわゆる民主化政策)が進められていきました。教育に関してはCIE(民間情報教育局)が担当し、1946(昭和21)年3月に教育使節団が来日して日本の教育についての調査・報告を行ないました。そしてこの報告書に示された教育理念と改革の具体的な方策に基づき、日本側の委員会、文部省との協議により教育改革が進められました。このなかではもちろん体育・保健教育に関する検討、改革も行なわれました。

　ところがここで養護訓導にとってはたいへんな問題が起こります。その問題とは、いったい？

(次号に続く)

〈引用・参考にした資料〉
(1) 学校看護婦のベーヂ：学童の保健12 (134)、日本学童保健協会、1941
(2) 長野県教職員組合養護教諭のあゆみ編集委員会：礎、長野県教職員組合養護教員部、1984
(3) 荷見秋次郎：養護訓導精義、婦女界社、1941
(4) 倉橋惣三：学校衛生、22 (1)、帝国学校衛生会、1943
(5) 文部省：学校保健百年史、第一法規出版、1973
(6) 全国みどり会編：ひとすじの道、東山書房、1986
(7) 日教組養護教員部三十年史：日教組養護教員部、労働教育センター、1982
(8) 高柳美智子：女教師、美しき惑いのあなたへ、あゆみ出版、1980 (河合章ほか「日本現代教育史」新日本出版社、1984より引用)
(9) 堀内フミ健康教育60年の歩み：堀内フミ健康教育60年の歩み編集委員会、ぎょうせい、1989
(10) 養護教諭制度50周年記念誌編集委員会：養護教諭制度50周年記念誌、ぎょうせい、1991
(11) 教育の戦後史編集委員会：教育の戦後史Ⅰ、三一書房、1986

■原発事故から8年目を迎えて

子どもたちの健康被害は？ 甲状腺がんは？

さがみ生協病院 内科部長　循環器専門医
3.11甲状腺がん子ども基金顧問

牛山 元美 (うしやま　もとみ)

すべては3.11福島原発事故から

　7年前の2011年3月11日に起きた東日本大震災で、大きな揺れと津波に襲われた東電福島第一原発で3基の原子炉が壊れ、壊れた原子炉からは大量の放射性物質が放出され、広く東日本（だけではありませんが）に拡散しました。

　事故当時、私は神奈川に住んでおり、子どもたちは小・中学生でした。テレビでは連日、「原発の全電源が失われ、計測器も動いていない」のに「メルトダウンしていない」「放射能が漏れてもただちに健康に影響はない」だから「大丈夫です」と繰り返すばかり。

　チェルノブイリ原発事故の教訓から、「この先、原子炉の冷却がうまくできないと原子炉が大爆発を起こすのでは？　そうなったら、原発から250km離れた神奈川も危険だろう、避難指示が出ても私は医者だからすぐに職場を離れられない、子どもを守れないかも」と考え、万が一に備え、子どもたちを九州の親せき宅に一時避難させました。

　その後、原発は大爆発を免れ、4月の新学期には子どもたちも戻ってきました。

　5月に、土を10g送れば無料で放射線量を測ってくれる専門家（東京大学大学院小豆川勝見助教）がいることをツイッターで知り、子どもが通う小学校の中庭の土を送りました。7月初めに、土1kgあたり放射性セシウム137が1,360±23ベクレル検出されたと知りました。でも、

それがどれだけ危険なことなのか、どんな意味を持つのか皆目わからず、そこから勉強を始めました。

　調べてみると、事故以前の東京新宿では同じように測って2ベクレル以下でした。

神奈川県内小学校の放射性物質

2011年5月20日 午後1時
小学校の中庭
地表面の砂 約10g採取
東京大学大学院 総合文化研究科
小豆川 勝見助教に郵送
放射性物質の検出、分析を依頼

セシウム137　　1360±23 Bq/kg 検出

＊事故前、東京新宿の土壌では　0〜2Bq/kg

　学校の許可をもらって土を採取していたので、市にも測定してもらうよう校長先生にお願いしましたが、校長からは「私は父兄（ママ）の研究に協力しただけ。放射能について国は安全だから調べなくていいと言ってる。公務員は国の言うことに逆らえない。それに当校だけ調べたら地域の方から非難される」と断られました。

　その後、ママ友やPTA役員、元市議などに助けてもらい、市教委に相談し、公的に調べてもらえたのは10月でした。この時は、わずか15ベクレル/kgに減少していましたが、東京大学大学院の小豆川勝見先生の意見は、「ウェハースの表面を踏むように、子どもたちの靴底にセシウムがついてあちこちに移動しただけでしょう」とのことでした。確かに、その後、校舎の

雨どいの下の土や側溝などから高濃度の汚染が見つかることが多々ありました。放射性物質は目に見えず、測定しないとわからないことを痛感しました。

明らかなことは、この原発事故によって大気中に放出された放射性物質は神奈川にも届いており、私も子どもたちも大気中のそれを吸い込んだり、手に触れて口に入れたりして、すなわち既に被曝しているということでした。

でも、それによって起こり得る将来の健康障害に国は言及せず、責任を放棄しているように感じました。

それまで、水俣病などの公害やサリドマイドなどの薬害患者さんと接することがあっても、かわいそうだけど国や企業は被害者を完全救済しないものだと、為政者のような立場でしか考えていなかった自分でした。気がつくと原発事故という一瞬の惨事で、自分も子どもも被害者になってしまった、国から見捨てられる側に入ってしまったと感じ、背筋が寒くなりました。医師だから国や社会から大切に守ってもらえる立場だ、なんて、それまでのつまらない慢心が崩れ去り、自分の立ち位置、社会の見え方が大きく変わりました。

医療被曝——利益と害

私が医学部の学生だったときは、放射線はたくさん浴びれば命を落とすが、すごく微量なら目に見えるような健康障害は起こさない、と教わっていました。

内科医の私は、患者さんの胸部レントゲン写真をよく撮ります。

そこに小さな影を見つけたら、癌かどうか診断するためにCTを撮ります。胸のレントゲン1枚の被曝量に対して、CTの被曝量は数百倍になります。それでもわずか数ミリシーベルト（mSv）。そんなわずかな被曝を気にせず目の前の患者さんに隠れている病気をしっかりと診断して治療に結びつけるべき、と教えられ、そう

検査部位	検査方法	被ばく線量 （単位：mSv）
頭部正面	単純直接撮影	0.12
頭　部	CT	1.8
歯　科	口内法（下顎大臼歯）	0.02*
歯　科	パノラマ	0.01*
胸部正面	単純直接撮影	0.03
胸部正面	単純間接撮影	0.07**
胸　部	CT	7.9
乳　房	マンモグラフィ	0.4***
腹　部	単純直接撮影	0.7***
腹　部	CT	6.8
胃	胃透視（バリウム）	3.1
大　腸	注腸検査	9.2
股関節	単純直接撮影	0.39
全　身	PET	4.4
胸部・腹部など	PET-CT	PET+CTの線量

※使用装置や撮影条件によって大きく異なります。その都度確かめましょう。

高木学校発行　医療被ばく手帳

思っていました。

しかし、近年、医療被曝で癌が増えている、特に、癌になりやすい遺伝子変異を持っている人や放射能への感受性が高い若年者は、CT程度の医療被曝でも発癌率が明らかに高くなるという研究論文がたくさん報告されるようになり、放射線検査を受けることによる「利益と害」とを天秤にかけて慎重に判断すべきであることを再認識しました。低線量被曝による健康障害については、いまだ研究途上と言えます。

100mSv未満の被曝で有意な癌リスク増加が証明された研究

対象集団	報告年	がんの種類	累積被曝量	がんリスク 増加率
医療被曝	2006	乳がん	数mSv	BRCA変異群 2〜5倍
医療被曝 （心カテ）	2011	全がん	10〜40mSv	10mSv毎に 3%増
医療被曝	2012	乳がん	2〜17mSv	BRCA変異群 60-280%増
医療被曝(CT)	2012	小児白血病 脳腫瘍	50〜60mSv	3倍
自然放射線	2012	小児白血病	5〜10mSv	1mSv毎に 12%増
医療被曝(CT)	2013	小児がん	小児期に4.5mSv	20%増
原発労働	2010	全がん	10mSv	3%増

北海道旭川北医院　院長　松崎道幸医師作成資料より

チェルノブイリで起こったこと

1986年に、旧ソ連で起こったチェルノブイリ原発事故では周辺の広い地域が放射性物質で汚染されました。チェルノブイリで被害を最も受けたのは、原発の北側に位置するベラルーシでした。ベラルーシ国内でも特に放射性ヨウ素の汚染がひどかったゴメリ州やブレスト州では、

事故後3、4年してから甲状腺癌になる子どもが増え、事故前の10倍以上になりましたが、汚染の少ない地域では、それほどの増加は見られませんでした[1]。

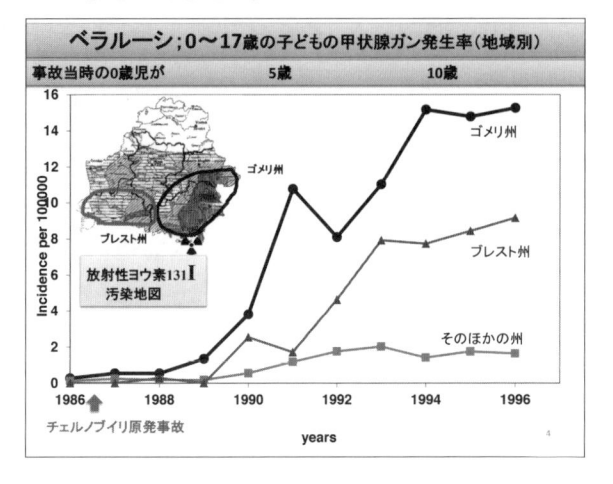

放射性ヨウ素と甲状腺癌

原発事故が起きるとたくさんの放射性物質が大気中に放出されます。

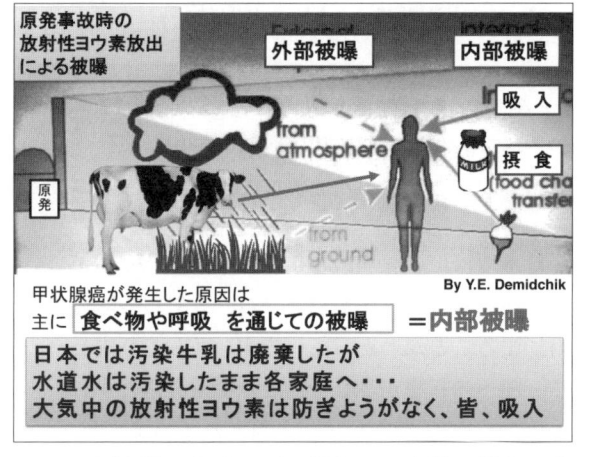

雨が降るとその雨に混じって大地に落ち、草に付着し、その草を食べた牛に入り、牛乳にも出てきます。特に、放射性ヨウ素を吸い込んだり、汚染された牛乳や水や食物を摂取することによる内部被曝によって、甲状腺癌が起きます。

日本では汚染された牛乳は廃棄されましたが、汚染された水道水はそのままでした（東京都では一時、乳幼児がいる世帯にミルク用として飲料水が配給された。また、千葉県は乳幼児が水道水を摂取することを控えるようにと呼びかけ、横浜市は通常の2倍の活性炭を投入*）。

　*http://www.asahi.com/special/10005/TKY201103240169.html

大気中の放射性物質の吸入は誰も防げませんでした。

事故後の3月末、関東に住む母親の母乳から、約30ベクレル/kgの放射性ヨウ素が検出されましたが、厚労省は4月末に測定した数ベクレル/kgの値を示して「乳児への健康影響は考えにくい」とし、その後の追跡調査は行なわれていません。

放射性物質による健康被害を考える時、年齢が若いほど、その影響が大きいことがわかっています。母親がそれだけの放射性ヨウ素を摂取する環境に乳児も一緒にいて、さらに母親から母乳を通して放射性ヨウ素を摂取することになるわけで、感受性が高い乳児の甲状腺の被曝は母親よりも影響は大きい、とする専門家もいます。

内部被曝をどのように考えるか、計測値からどのように換算、推定するか、については、専門家のあいだでもいろいろな意見があり、国が準拠しているICRP（国際放射線防護委員会）の考え方、内部被曝モデルを疑問視する声も聞かれます。最近の動物を用いた研究では、同じ量の放射性物質では、外部被曝によるよりも内部被曝した時のほうが健康影響が20倍大きかったという報告もあります[2]。

子どもたちの健康を守るのはおとなや社会の義務、使命であり、低線量被曝、内部被曝についてよくわかっていないからこそ、予防原則にのっとり、慎重に防御すべきだと思います。

配られなかった安定ヨウ素剤

チェルノブイリ原発事故の前例があるのに、日本は科学先進国と自認していたはずなのに、最も放射性ヨウ素が放出された3月15、16日ごろに人々の甲状腺がどれだけ被曝したのか、ほとんど調べられていません。

WHOは、チェルノブイリ事故を踏まえ、甲状腺の被曝量が10ミリシーベルトを超える時は、放射性ヨウ素による被ばくを防ぐために子どもや妊婦は安定ヨウ素剤を飲むべきと1999年に指針を出しました。

しかし日本では、原子力安全委員会がこれに従わず、安定ヨウ素剤を飲む基準をおとなも子どもも以前と同様の100ミリシーベルトにしていました。2011年3月、震災による混乱も大きく、甲状腺の被曝量もきちんと測らぬまま、自治体に備蓄してあった安定ヨウ素剤はほとんど配布されず、飲んだのは原発作業員や福島県立医大の職員など一部の人に限られました。

事故から半年後、福島県は、「チェルノブイリ事故後に明らかになった健康被害として放射性ヨウ素の内部被曝による小児の甲状腺癌があります。福島県では、東京電力福島第一原発事故を踏まえ、子どもたちの健康を長期に見守るため、甲状腺検査を実施しています」と明言して、甲状腺エコー検査を始めました。

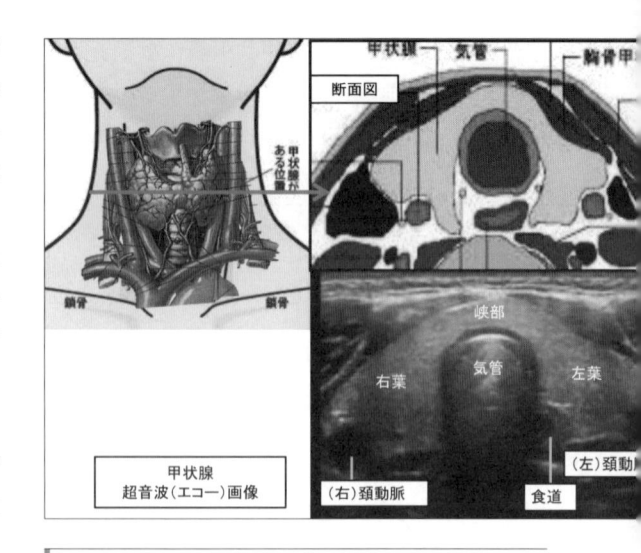

断面図

甲状腺　気管　胸骨甲

峡部

気管

右葉　　左葉

（右）頸動脈　　食道　　（左）頸

甲状腺
超音波（エコー）画像

鎖骨　　喉骨

甲状腺があ
る位置

福島県ホームページより　「甲状腺検査について」

「チェルノブイリ原発事故後に明らかになった健康被害として放射性ヨウ素の内部被ばくによる小児の甲状腺がんがあります。福島県では、東京電力福島第一原発事故を踏まえ、子どもたちの健康を長期に見守るため、甲状腺検査を実施しています。」

甲状腺超音波（エコー）検査による判定

判定		判定基準	方針
A		正常範囲と思われるもの	
	A1	のう胞や結節を認めない	2年後の健診受診
	A2	5.0mm以下の 結節 or/and 20.0mm以下の のう胞	2年後の健診受診
B		5.1mm以上の 結節 or/and 20.1mm以上の のう胞	2次検査受診
C		直ちに精査が必要と思われるもの	直ちに2次検査受診

甲状腺エコー検査とは

甲状腺は首の前面にあり、気管と頸動脈や頸静脈といった血管に囲まれています。蝶のような形をして気管の周りを取り囲んでおり、食道にも接しています。

超音波（エコー）検査で、甲状腺の中を調べ、癌が疑われると精密検査を行ないます。

放射線被曝と甲状腺乳頭癌

甲状腺乳頭癌

- 日本の甲状腺癌の中で一番多い。
- 原因不明。**放射線被ばくで増加。**
- **ゆっくり発育し、性格がおとなしい症例が多い（成人）**
- 頸部のリンパ節に転移しやすいが
  肺や骨など遠隔臓器への転移は少ない（成人）　*予後がいい*
- 進行すると、反回神経（声を出すときに働く神経）や気管、食道に広がり、死に至ることもある。
- 剖検によって初めて発見される**潜在癌**の頻度は11～28%
  （その多くは高齢者、直径10mm未満の**微小乳頭癌**）

チェルノブイリで増加した小児甲状腺がんは成長が早い、肺への転移が多い、など　成人とは異なる特徴がある。

日本では甲状腺癌のなかでは甲状腺乳頭癌が一番多くみられます。以前から、放射線被曝で増加することがわかっています。ゆっくり成長し、肺への転移が少なく、これで命を落とすことは少なく、予後がいい癌と言われていますが、それは成人の場合の話です。

歳をとってから亡くなられた遺体を解剖すると10～30％くらいの割合で、生前には診断されていなかった小さな甲状腺癌が見つかることがあり、潜在癌と呼ばれます。

チェルノブイリで増加した子どもの甲状腺癌は、成長が早く、肺への転移が多い、など成人とは異なる特徴がありました。「攻撃的な腫瘍」と評されることもあります。

4巡目を迎える県民健康調査

県民健康調査 甲状腺検査結果（事故当時18歳以下の県民が対象）20171231時点

実施年度	平成23〜25年度 1巡目	平成26, 27年度 2巡目	平成28, 29年度 3巡目	合計
対象者概数（人）	37万	38万	34万	
受診者概数（人）（％）	30万(82%)	27万(71%)	19万(57%)	
悪性ないし悪性疑い（人）	116	71	10	197
悪性ないし悪性疑い（人）／10万人あたり	38.6	26.2	5.2	25.8
性比（男：女）	1：2	1：1.2	1：0.67	1：1.6
手術済（人）	102	52	7	161
甲状腺癌確定者数（人）	101	52	7	160
事故時最小年齢（歳）	6	6	6	

チェルノブイリでは事故当時5歳以下の子どもが多く甲状腺癌になったが、福島では5歳以上の子どもしか癌になっていないので、チェルノブイリと違い放射能のせいではない、と県は説明

2巡目の「悪性ないし悪性疑い」71人	1巡目判定：A1:33, A2:32, B:5, 受けず：1
3巡目の「悪性ないし悪性疑い」10人	2巡目判定：A1:1, A2:6, B:1, 受けず：2

福島の県民健康調査は、原発事故当時18歳以下だった県民約38万人を対象に、約2年で全県をまわり、現在は4巡目の調査が行なわれています。

2011年10月から2年半かけて検査した1巡目では、約30万人が受診し、116人に甲状腺癌が疑われました。

多くの医師が、この数の多さに驚きました。普通は子どもの甲状腺癌は10万人に1人程度だからです。でも、これは、症状のない人に一斉にエコー検査したスクリーニング効果だ、と言われました。しかし、2014年4月から始まった2巡目の検査では、新たに71人の甲状腺癌が見つかり、このうち65人は、2年前の検査で「異常なし（A判定）」と診断されていた人たちでした。

2年間で甲状腺癌が急にできた人がこれほど多いのかと、国内外の医師が驚きました。1巡目で見落としていたのか、それとも被曝が癌の成長を速めたのか、といろいろな意見があります。

3巡目では、20歳を過ぎた方は5年ごとの検診になるため、対象者は減っていますが、さらに受診率が目立って減っています。

「放置してもいいような病気を見つけて手術することは利益が少なく有害なだけだから検査自体を受けるべきではない」とか、「癌と診断されたくない権利を尊重しよう」などの意見が一部の医師などからあり、この先、同じように調査が続けられるのか、あやしい状況です。3巡目では、今のところ10人が悪性疑いとされ、そのうち7人は2年前はA判定でした。

県民健康調査の謎

県民健康調査の甲状腺検査結果については謎がいくつもあります。

①甲状腺癌は多いといえるのか？

2014年に環境省が開いた専門家会議の資料によると、19歳以下の子どもにおいて、事故以前の28年間、毎年平均23人の甲状腺癌が診断されていました。今回の福島の調査では、7年間で160人が手術の結果甲状腺がんと診断が確定したので、平均すると毎年23人。でも、全国は1億2,000万人のなかでの23人に対し、福島は200万人のなかでの23人なので、実に60倍も多い、と言えます。スクリーニング検査では、5、6倍は多く見つかると言われていることを考えても、60倍というのはやはり明らかに多い、多発していると言えるとのことで、県民健康調査検討委員会も2016年3月の「中間とりまとめ」で"多発"を認めています。ただ、事故前に同様の調査はされていないため、「事故後に増えたのか？」という問いには、比較するデータがなく、「わからない」と答えるしかありません。

環境省が、2012年に青森、山梨、長崎の3県で約4,000人の子どもたちを対象に甲状腺エコー検査を行なった調査から1人の甲状腺癌が見つかりました。統計学的には、調べたい事象がただ1人しか見つからない場合は信頼度が低くなるため、もっと多数の子どもたちの調査を行なうべきだと指摘する声もありますが、環境省は調査を終了しています。

②見つけたのは潜在癌では？

潜在癌については、子どもが亡くなって解剖した時に甲状腺癌が見つかることはほとんどない、と明記された資料がやはり専門家会議に提出されています。潜在癌は、おとなに限った話とのことです。

③過剰診断や過剰治療ではないのか？

　福島の子どもの甲状腺癌を100例以上手術している鈴木眞一福島県立医大教授の報告があります(3)。

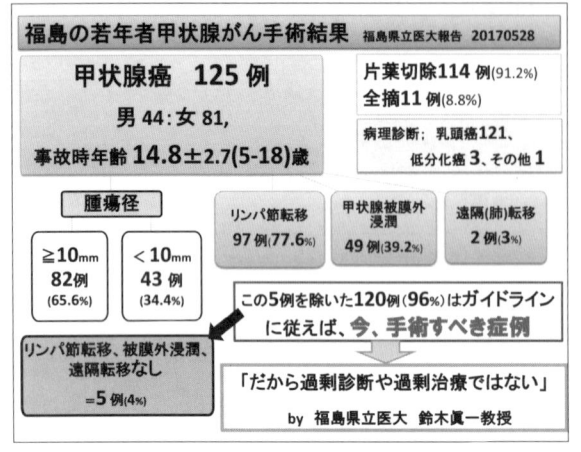

福島の若年者甲状腺がん手術結果 福島県立医大報告 20170528

甲状腺癌　125例

男 44：女 81,

事故時年齢 14.8±2.7(5-18)歳

片葉切除114例(91.2%)
全摘11例(8.8%)

病理診断：乳頭癌121、
低分化癌3、その他1

腫瘍径

| ≧10mm 82例 (65.6%) | < 10mm 43例 (34.4%) |

リンパ節転移 97例(77.6%)　甲状腺被膜外浸潤 49例(39.2%)　遠隔(肺)転移 2例(3%)

リンパ節転移、被膜外浸潤、遠隔転移なし ＝5例(4%)

この5例を除いた120例(96%)はガイドラインに従えば、**今、手術すべき症例**

「だから過剰診断や過剰治療ではない」
by 福島県立医大 鈴木眞一教授

　125例手術し、そのうち82例は癌が1cmを超えており、大きさだけでも手術すべき症例だった。残りの43例は癌の大きさは1cm未満だったが、家族の希望で切除した5例を除いた38例は、リンパ節転移や肺転移していたり、甲状腺の外側に広がりそうになっていて、ガイドラインに従って手術をすべき症例と判断した。つまり、125例中120例の96％が、今、手術すべき症例だった。だから、過剰診断や過剰治療ではない、と明言しています。

④放射能汚染度と関連しているのか？

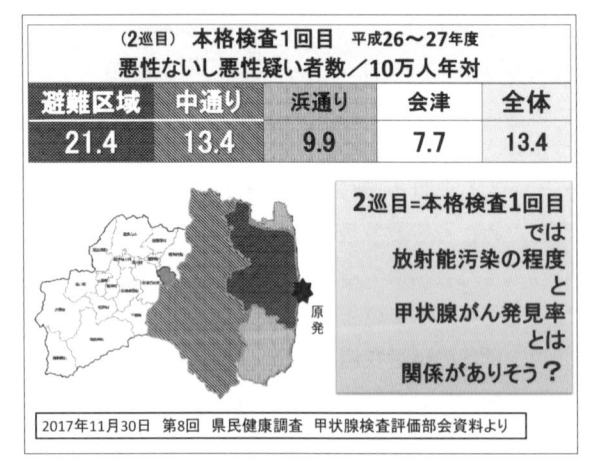

(2巡目) 本格検査1回目 平成26〜27年度
悪性ないし悪性疑い者数／10万人年対

避難区域	中通り	浜通り	会津	全体
21.4	13.4	9.9	7.7	13.4

2巡目＝本格検査1回目
では
放射能汚染の程度
と
甲状腺がん発見率
とは
関係がありそう？

原発

2017年11月30日　第8回　県民健康調査　甲状腺検査評価部会資料より

　2巡目で甲状腺癌が見つかった71人を県が分類した地域別で比較すると、線量が高かった避難区域で多く、線量の少ない会津では少なくな

っています。1巡目の結果についても、疫学の専門家である岡山大学の津田秀敏教授が汚染度と甲状腺癌の発見率に相関がみられると報告しています（本誌104号参照——編集部注）。

　以上から、今の時点では、福島県の県民健康調査で見つかった甲状腺癌は多発しており、しかも潜在癌を見つけているとは言えず、過剰診断・過剰治療は執刀医が否定。さらに2巡目調査では甲状腺癌と放射能汚染度との関連をうかがわせるデータを県民健康調査自体が示しています。

県民健康調査「甲状腺検査」の謎の解明

① 福島では小児・若年成人の甲状腺癌が多発

② 甲状腺の潜在癌は子どもにはほとんどない

③ 多くの症例の手術を行った医師が
　　過剰診断・過剰治療を否定

④ 2巡目（本格検査1回目）の調査では
　　甲状腺癌発見率と放射能汚染度に
　　　　関連ありそう？

　なぜ、手術しなければならないような甲状腺癌が事故当時18歳以下だった福島県民に多発しているのか、原発事故による放射線被曝の影響も否定できないなか、今後も慎重に調査研究を進めて、真実を解明してほしいと願うばかりです。

子ども基金の活用を

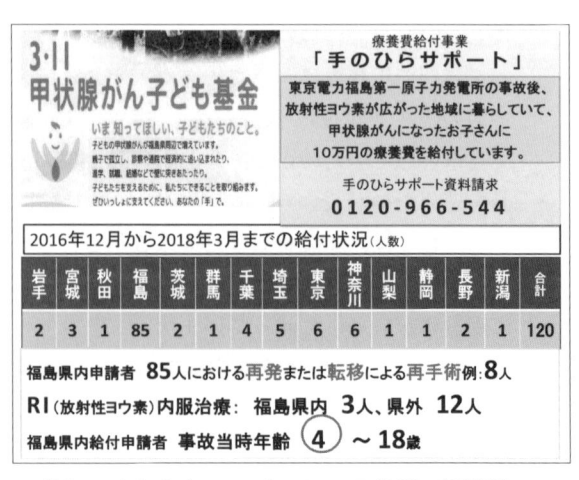

3・11 甲状腺がん子ども基金

療養費給付事業
「手のひらサポート」

東京電力福島第一原子力発電所の事故後、放射性ヨウ素が広がった地域に暮らしていて、甲状腺がんになったお子さんに10万円の療養費を給付しています。

手のひらサポート資料請求
0120-966-544

2016年12月から2018年3月までの給付状況 (人数)

岩手	宮城	秋田	福島	茨城	群馬	千葉	埼玉	東京	神奈川	山梨	静岡	長野	新潟	合計
2	3	1	85	2	1	1	1	6	1	1	2	2	1	120

福島県内申請者 85人における再発または転移による再手術例：8人
RI（放射性ヨウ素）内服治療：福島県内 3人、県外 12人
福島県内給付申請者 事故当時年齢 ④ 〜18歳

　忘れてはならないのは、この7年間で甲状腺癌と診断を受けたお子さん、若年成人が福島県

内だけでも200人近くおられることです。福島では、甲状腺癌と診断されたことを周囲に話すと、「では福島が危険だと言うのか？　そう思うなら出ていけ！」と言われた人もおり、相談できずに親子で孤立し、また、治療のための交通費がかさみ経済的に追い込まれたり、進学や就職に支障が出ている人もいます。

そのようななか、2016（平成28）年7月に3.11甲状腺がん子ども基金が発足し、「手のひらサポート」という療養費給付や電話相談会などを始めました。対象者は福島だけでなく、東日本16都県にお住いの、原発事故当時18歳以下で、事故以後に甲状腺癌が疑われたり診断された方です。療養費10万円を無償で給付し、病状に応じて追加給付も行なっています。

約1年半で120人の方に給付しましたが、そのうち85人は事故当時福島在住で、うち8人は再発等による再手術を受けられています。また、手術後の再発予防や肺転移の治療のためにRI治療を受けている人は県内3人、県外に12人おられます。甲状腺癌は予後がいい、かもしれないけれど、きちんと治療をしてこそ、の話です。

また、基金に申請した人のなかに事故当時4歳だった人がいました。県民健康調査を受けて癌と診断され、県立医大で手術を受けているのに、県はこの症例を集計に入れていませんでした。

2017年4月23日東京新聞

チェルノブイリで甲状腺癌が最も早く多く見つかったのは、事故当時に5歳以下だった人たちでしたが、福島県は、事故当時5歳以上の人からしか甲状腺癌が見つかっていないと発表し、「だから、チェルノブイリと福島は違う」との見解を出していました。

なぜ、事故当時4歳だった症例が、県の発表した数に入っていないのか、基金が県に問い合わせたところ、実は、県民健康調査で精密検査に回された人が、癌とはっきり診断できずにいったん経過観察となると、その後に癌と診断されても、もう県民健康調査としては集計の対象から外してしまう仕組みになっている、とのことでした。

つまり、県民健康調査の結果として発表してきた197人の悪性疑いや、160人の手術例以外にも甲状腺癌のお子さんは存在しているが、県はその数を把握しない仕組みである、とのこと。なんとも納得のいかない話です。

なぜ、調査対象から外すのか。集計しないで、実情がわかるのでしょうか？　この杜撰な調査方法には、県から任命された検討委員ですら、「今までの議論が空論になってしまった」と非難しています。

甲状腺以外の疾患は？

ベラルーシのゴメリ州における若年者の疾病罹患率
（10万人あたり）（抜粋）

疾病／臓器	1985	1990	1995	1997	増加比
一次診断合計	9,771	73,754	127,768	124,440	12.7倍
血液および造血器	54	502	859	1,146	21.2倍
循環器（心臓）系	32	158	358	425	13.3倍
内分泌・代謝・免疫系	3.7	116	3,549	1,111	300.3倍
呼吸器系	760	49,895	81,282	82,689	108.8倍
泌尿生殖器系	25	555	961	1,199	48.0倍
消化器系	26	3,108	5,879	5,548	213.4倍
皮膚および皮下組織	159	4,529	7,013	7,100	44.7倍
先天障害	51	122	210	340	6.7倍

（1990〜1997の間に縦書きで「1986年チェルノブイリ原発事故」）

（Pflugbeil et al.,2006, ゴメリ健康管理センターの公式データより）

ベラルーシの公式データでは、原発事故後、甲状腺ホルモン異常などの病気や糖尿病、慢性の下痢などの病気が200倍、300倍に増えています。先天障害は6倍に増えていますが、実は、たくさんの方が中絶したことが報告されていま

す[4]。30年以上たった今、ベラルーシの医師は、「現在、チェルノブイリ周辺では先天性異常が非常に高いため、妊婦を守ることが最優先課題」と語っています。

日本では、震災後の死産率が、放射能汚染が高度であったと推定される地域で10%以上高くなったとする報告があります。地震、津波の被災やストレスの影響も大きいでしょうが、放射能との関連も検証すべきだと思います。

ある地域で、ある集団で、一つの病気が増えているかどうか、その原因が何か、正しく評価するために統計学的手法が必要です。ぜひ、統計学の専門家にさらに活躍して解明していただきたいと願っています。

ダブルスタンダードな「20mSv」

放射線の法的規制

≻福島原発事故の前

「放射性同位元素等による放射線障害の防止に関する法律」

日本における一般公衆の追加被曝線量

（医療被ばくを除く）限度は **年間 1mSv**

＝外部被曝だけ なら 空間線量 1時間あたり **0.23 μSv**

1mSv/年÷365日÷(8時間+0.4×16時間)×1000

≻福島原発事故の後 **福島県のみ 年間 20mSv**

＝外部被曝だけ なら 空間線量 1時間あたり **3.80 μSv**

★まず20mSv以下が目標。高度汚染地域では達成まで長期にわたる。
★長期的には1mSv以下を目指す。

チェルノブイリ原発事故では、年間5mSv以上被曝した土地からは、住民は強制避難させられました。現地の医師達は、1mSv以上で避難させるように働きかけましたが、社会経済的な問題との兼ね合いで、5mSvで断念したと聞いています。

一方、日本では、もともと年間1mSv以下が被汚染地域、と環境省が定めていたのに、今、福島では20mSvまでの汚染を強要されています。完全なダブルスタンダードです。しかも、妊婦も乳幼児もすべての世代に対して20mSvまでの被曝を強要しており、医療者として許せない暴挙です。

食品からの検出は減っているというが

食べものはもう大丈夫？？？？？

川魚、山菜、天然きのこ、野生動物には　今も注意を！
毎日食べる、乳製品、米、大豆、野菜も、汚染した土壌、家庭菜園に注意

厚労省＋ホワイトフーズ＋30年プロジェクトなどによる測定

2017年の検査で	流通基準値(100Bq/kg)超	セシウム最大検出量(Bq/kg)
ブラウントラウト	日光中禅寺湖	110
ヤマメ	群馬	130
ウナギ	千葉	140
タラの芽	長野	230
コシアブラ	福島、長野、新潟	410
ショウゲンジ	山梨	280
タケノコ	宮城、福島、茨城、群馬、埼玉等	450
栗	福島	110
イノシシ	宮城、福島、群馬、栃木	4000
シカ	宮城、福島、群馬	340
ツキノワグマ	群馬	280

食べものの汚染は、年々減少しているものがほとんどです。しかし川魚や山菜、天然キノコ、またイノシシやシカ、クマなどの野生動物の汚染は相変わらず高く、注意が必要です。

放射性物質は、少しずつでも食べ続けていると、体内に蓄積します。

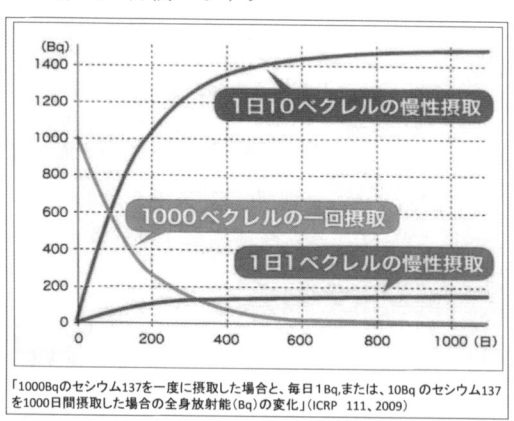

「1000Bqのセシウム137を一度に摂取した場合と、毎日1Bq、または、10Bqのセシウム137を1000日間摂取した場合の全身放射能(Bq)の変化」(ICRP 111、2009)

100ベクレル/kgという流通基準は、食べる人の健康を保証するものではありません。特に、子どもが毎日食べる食品の基準はもっと厳しくすべきです。測定方法によっては検出限界値が高いものもあり、検出されず、という結果を鵜呑みにするのは危険です。大量、高濃度の放射性物質が海に流れました。決して一様に薄まってしまったわけではなく、特にセシウムは水中で海流に集まり、とても濃いセシウムの帯が太平洋の中にできていることが気象研究所の青山道夫主任研究官らの調査で明らかにされています。

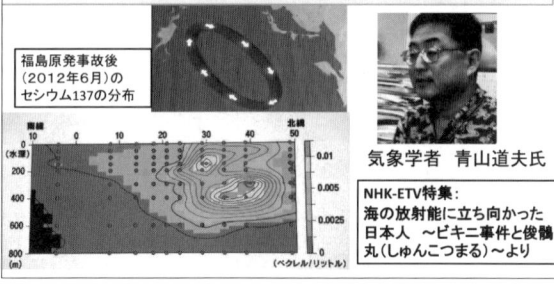

太平洋の水中、深さ200〜600mに、セシウムが高濃度に存在しているドーナツ状の海流が見つかった。

日本の沖合では表面に近いが南側では水深600mまで沈んでいる。

セシウムがこの海流にのって北太平洋を一周するのに30年かかる。

福島原発事故後（2012年6月）のセシウム137の分布

気象学者　青山道夫氏

NHK-ETV特集：海の放射能に立ち向かった日本人　〜ビキニ事件と俊鶻丸（しゅんこつまる）〜より

　そこを通った群れの魚は高度に汚染されているかもしれません。すべての食品を測るわけにもいかないので、できれば、基本的に放射性物質をきちんと測っている生協や自然食品店を利用したり、産地や種類を偏らせず、いろいろなものを食べることがお勧めです。

　ストロンチウムも海に拡散しており、魚の骨などに集積している可能性がありますが、簡単に測ることができません。お子さんの抜けた乳歯を分析して調べることで、被曝の実態を明らかにしようという活動もあります。

全国のみなさん　http://www.hahainc.jp/index.html

乳歯の保存を呼びかけます

乳歯保存ネットワーク
連絡先: pdmn311@gmail.com

カルシウムによく似たストロンチウム90は、骨や歯に蓄積し、乳歯にも蓄積します。乳歯を調べれば、内部被曝が推定できます。抜けた乳歯を保存し、私たちの測定所に届けてください。

連絡先：〒502-0017　岐阜市長良雄総878-16　岐阜環境医学研究所内
「乳歯保存ネットワーク」（松井英介医師）
e-mail：pdmn311@gmail.com
TEL 058-296-4038　　FAX 058-296-3903

　トリチウム（三重水素）は、原発が正常に運転していても海に垂れ流される放射性物質です。福島原発事故でも大量のトリチウムが海に放出されていますが、水素としてあらゆる物質に存在しているのに、その影響が正しく評価されていないという意見もあり、専門家たちの研究成果に期待したいところです。

　しかし、実際原発が稼働する限り防御は難しく、絶望的な気持ちになりながらも、脱原発の道を選ぶことが、健康と命を守るためには必然だと心から思います。

これからできることは、たくさんある

　日本は、被爆国として、原爆症の方々から70年以上学ばせてもらっています。米軍の調査機関（ABCC）から始まった放射線影響研究所（放影研）が2012年に出した研究報告[5]の中には、「ほんのわずかでも被ばくすると癌になる可能性は高くなる。絶対安全なのは、ゼロ線量、すなわち、被ばくしないこと」と明記してあります。このことを原則と考え、できるかぎりの被曝を避ける努力を、国が率先して行なうべきです。

　不安を減らすためには、事実を知り、対処方法についての情報を得ることが役立ちます。

　安全な環境、安全な食事と安全な場所での十分な運動、十分な睡眠が得られるように、今、やれることをしましょう。よけいな被曝を受けないためには、気になるところを測り、危険を避け、可能な限り除染し、空間線量0.23μSv/時以下を目安にして、追加被曝年間1mSv以下の安全を確保してください。

　甲状腺癌が心配ならば、気楽にエコー検査を受けましょう。早く見つければ早く治せます。

　未来のために、私たちにできることはたくさんあります。過去を後悔してばかりいないで、今、行動して、未来を変えましょう。

参考文献
（1）武市宣雄　他：『放射線被曝と甲状腺がん—広島、チェルノブイリ、セミパラチンスク』溪水社、2011
（2）星正治（広島大学原医研名誉教授）の研究発表「放射性粉塵の内部被爆—セミパラチンスク医大での動物実験」、2017
（3）鈴木眞一（福島県立医大甲状腺外科教授）の第38回日本乳腺甲状腺超音波医学会学術集会での報告、2017
（4）A.V.ヤブロコフ　他：『調査報告　チェルノブイリ被害の全貌』岩波書店、2013
（5）放射線影響研究所；原爆被爆者の死亡率に関する研究（LSS）第14報 1950-2003年：がんおよびがん以外の疾患の概要Radiat Res 2012（March）; 177(3):229-43

原稿募集!!

●本誌へのご意見・ご感想等をお寄せください。
原稿送付先:
171-0051 東京都豊島区長崎4-7-14-103
「子どもと健康」編集部
(Tel&Fax 03-5966-4283)
メールでお送りいただく場合は、送付件名に
「子どもと健康寄稿」として
office2@k9.dion.ne.jp に。
学校名とお名前(読みも)を添えてお送りください。

●健康教育の実践をお待ちしております。
文字数:12,000字位の範囲で。B5判で10ページ
程度で(図表、写真入れて)。
原稿送付先は、上記同様です。

編集委員

臼井　千浪 (神奈川県教組養護教員部長)
大津留幸子 (横浜市中学校 養護教諭)
鈴木　裕子 (国士舘大学文学部教育学科准教授 元養護教諭)
田中恵美子 (千葉県小学校 養護教諭)
高嶋　幸子 (東京都高等学校 養護教諭)
中津　亨子 (東京都小学校 養護教諭)
編集制作　Office2
デザイン　M2カンパニー

子どもと健康　No.107

ゼロから知るLGBT

発 行 日　2018年7月15日
発 行 人　南 千佳子
発 行 所　㈱労働教育センター
　　　　　〒101-0051
　　　　　東京都千代田区神田神保町2-2-34
　　　　　千代田三信ビル5F
電　　話　03(3288)3322
Ｆ Ａ Ｘ　03(3288)5577
Ｕ Ｒ Ｌ　http://www.rks.co.jp/
郵便振替　00110-2-125488

〈訂正とお詫び〉
前号106号のP86　上から4行目
「千葉大学子どものこころの発達教育
センターの瀬尾ら
　　　↓
「千葉大学子どものこころの発達教育
研究センターの浦尾ら
に訂正し、お詫びいたします。